A.SCHMID-NEUHAUS

Das große Buch vom

REITEN!

Bildnachweis:

u = unten; o= oben; l = links;
m = mitte; r = rechts

S. 7 Kentweakly/istockfoto, S. 39 Groomee/istockfoto, S. 45 cmann/istockfoto, S. 107 LeeTorens/istockfoto, S. 15 Nadine Haase – Fotolia.com, S. 21 BeTa-Artworks – Fotolia.com, S. 33 tecnofotocr – Fotolia.com, S. 53 Gorilla – Fotolia.com, S. 61 Gorilla – Fotolia.com, S. 67 elisabetta figus – Fotolia.com, S. 79 Lilufoto – Fotolia.com, S. 97 danielschoenen – Fotolia.com, S. 115 godfer – Fotolia, S. 123 Mari_art – Fotolia.com, S. 131 Strumpf – Fotolia.com.

Christen/Kosmos, S. 75 o.l., 82 o.l.+ o.m.+ u.r.
Ramona Dünisch, Niedernhall, S. 24 o.m.l., o.r., u.l., 25 o.m., 63, 112 u.
Döring/Kosmos, S. 135 u., 136 l.
Krämer, Pferdesport, S. 63 ganz o.+ o, 64 l., 65 u., 75 o.r.+ u.r.
Lothar Lenz, Cochem, S. 8, 9 o.+ u., 10 l., 11 l., 12 r., 13 u.l.+ o.l., 19 o.l., o.m.r., o.r., m.o., 23 r., 24 o.l.+ o.m.r.+ u.m.r.+ u.r., 25 o.l.+ o.m.+ u.l., 26, 27 o.l.+ o.r.+ u.l., 28 o.l.+ u.l., 29 u.l.+ r., 30 o.l.+ u.l.+ o.r.+ u.r., 31 l.+ r., 32 l., 34, 41 o., 42 o.+ u., 43, 44, 46, 47 o.l.+ o.m., 49 l., 51 o.+ u., 65 o., 75 u.l., 81 l.+ r., 112 l. +r., 113, 120 r., 126 l.
Marianne Lins, Hamburg, S. 13 o.r., 17 o.+ u., 18, 23 l., 24 o.m.l.+ o.r.+ u.l., 25 o.m., 28 r., 29 o.l., 32 r., 105 u., 108, 116 r., 138
Pferdesporthaus Loesdau, S. 62 l., 63 u.+ ganz u., 64 r.
Marquis Tiermedizin, S. 72 r., 111 l.
Museum Mensch und Natur, München, S. 16
Christoph Salata/Kosmos, Backcover, S. 10 r., 13 u.r., 20, 25 o.r., 41 u., 47 u.r., 50 o.l.+ m., 54, 55, 57 o., 58 o.+ u., 59 o., 62 r., 64 m., 68 o.l.+ u.l.+ r., 69 l.+ r., 70 o.l. + o.r.+ m.+ u.l.+ r., 71 l.+ r., 72 o.l.+ u.l., 74 o.l+ m.l.+ u.l.+ o.r.+ m.r.+ u.r., 75 m., 76 o.l.+ o.m.+ o.r.+ u.l.+ u.r., 77 l.+ m.+ r., 83 r., 84 o.l.+ o.m.+ o.r. + m.l.+ m.m.+ u.l., 86 o.l.+ o.m.+ o.r.+ m.m.+ m.r.+ u., 88 l.+ m.+ r., 89 u.l.+ u.m.+ u.r., 93 l.+ m.+ r., 95, 102 l.+ r., 105 o.l.+ o.m.+ o.r.+ m.r., 109, 117 o.l.+ u.l.+ m.+ r., 118 l.+ o.r.+ u.r., 119 u., 120 m., 125 l.+ r., 126 r., 127 o.+ u., 128 o.+u., 129 o.+ u., 133, 136 r., 137 m.l.+ o.r.

Horse Harmony/Angelika Schmelzer, Bruchweiler, S. 12 m., 50 u.r.,
Angelika Schmid-Neuhaus, S. 11 r., 12 l., 14, 36 l.+ m.+ r., 50 o.r., 83 l., 84 u.r., 85 l.+ r., 90 l.+ r., 91 o.l.+ o.m.+ o.r.+ m.+ u.l.+ u.m.+ u.r., 92 l.+ m.+ r., 94 o.+ u., 103, 104 l.+ r., 110 o.l.+ o.m.+ o.r., 111 r., 116 l., 124, 133, 135 o.l. + o.m.+ o.r., 137 m.r.+ u.r., 140
Katrin Schmidt, Soltau, S. 56
Christiane Slawik, Würzburg, S. 24 u.m.l., 25 u.r., 27 u.l., 40, 48 u., 49 r., 59 u.
Agentur Sorrel, Aichhalden, S. 48 o., 57 u., 120 l.
Abbildungen S. 19 m.u., u.l., u.r., entnommen aus Schönfelder: Der neue Kosmos Heilpflanzenführer (Kosmos 2001) und Dreyer: 100 Pflanzen (Kosmos 2001)

Illustrationen
Cornelia Koller, S. 35, 37, 69, 87, 89, 99, 100
Birgit Schössow: Illustrationen für die Kapiteleinstiegseiten, die Einleitungen, »Kurz Gesagt«, »Du und dein Pferd«, »Teste dein Wissen« und »Mein Tipp für dich«

Umschlaggestaltung von Weiß-Freiburg GmbH Graphik & Buchgestaltung unter Verwendung eines Fotos von kathrin39 – Fotolia.com.

Unser gesamtes lieferbares Programm und viele weitere Informationen zu unseren Büchern, Spielen, Experimentierkästen, DVDs, Autoren und Aktivitäten findest du unter **kosmos.de**

Gedruckt auf chlorfrei gebleichtem Papier.

2003, 2013 © Frankch-Kosmos-Verlags-GmbH & Co. KG, Stuttgart
Alle Rechte vorbehalten
ISBN 3-440-13493-1
Redaktion: Ina Pfitzer
Layout: DOPPELPUNKT Auch & Grätzbach GbR, Leonberg
Produktion: Verena Schmynec, Julia Schmatelka
Printed in Germany/Imprimé en Allemagne

Vorwort

Liebe Pferdefreundin,
lieber Pferdefreund,

hast du dir auch den »Virus Pferd« eingefangen? Dann fängt eine neue, aufregende Zeit für dich an! Du willst jetzt mehr über Pferde wissen und vor allem über *dein* Pferd. Das kann dein eigenes sein oder das Pferd, das du gerade reiten darfst. Viele Fragen tauchen auf, auf die du nun Antworten suchst.

Reiten macht nur dann wirklich Spaß, wenn es nicht nur dem Reiter, sondern auch dem Partner Pferd gut geht. Wenn du dich nicht damit zufrieden gibst, auf ein gesatteltes Pferd zu steigen und einige Reitstunden zu nehmen, dann hast du das richtige Buch in der Hand. Es ist für diejenigen unter euch geschrieben, die ihre Pferde als Lebewesen mit eigenen Gesetzen begreifen und respektieren: Für dich, wenn du eintauchen willst in den Zauber der Pferde.

Welche Naturgesetze sind in den Pferden lebendig? Warum gehen Pferde scheinbar grundlos durch? Was brauchen Pferde und was schadet ihnen? Was hilft ihnen, dich besser zu verstehen und zu tun, was du von Ihnen willst? Wer ist der Mensch für das Pferd? Was denkt dein Pferd über dich?

Zu einer glücklichen Beziehung zwischen Pferd und Reiter gehört auch viel Wissen. Wenn du weißt, dass das Pferd ein Herdentier ist und ein Leittier braucht, wirst du diese Rolle übernehmen lernen. Mit Pferden zu arbeiten bedeutet, immer wieder Neues zu entdecken und zu lernen.

Dieses Buch will dir zeigen, pferdegerecht zu denken, zu handeln und zu reiten. Das alles nenne ich »pferdisch denken«. Es hilft dir, den Umgang mit deinem Pferd so zu gestalten, dass ihr viel Freude miteinander erleben werdet. Du erfährst alles rund um die Themen Pferde und Reiten, was wichtig ist und worauf du besonders achten musst. Ich wünsche dir viel Spaß beim Lesen und vor allem bei der Arbeit mit deinem Pferd!

Angelika Schmid-Neuhaus

Inhalt

Diese Elemente begleiten dich durchs Buch

In diesem Buch steckt ganz schön viel Wissen. Du brauchst es natürlich nicht von vorne nach hinten zu lesen. Schau am besten im Inhaltsverzeichnis nach, welches Kapitel dich am meisten interessiert. Oder gehörst du zu denen, die ein Buch am liebsten nur durchblättern? Immer dort, wo du ein ganzseitiges Foto siehst, beginnt ein neues Kapitel. Da findest du dann auch noch einmal ein kurzes Inhaltsverzeichnis.

Mit den bunten Kästen, die du jetzt hier siehst, wollten wir dir das Lesen leichter machen:

Mein Tipp für dich

Um einen Zirkel zu reiten oder durch die Bahn zu wechseln, muss man ...

Hier spricht der Profi! In diesen Kästen findest du Tipps und Tricks der erfahrenen Reitlehrerin. So klappt manches leichter, oder du erfährst, wie du es einmal anders probieren kannst.

Du und dein Pferd

Eine »annehmende Zügelhilfe« soll dem Pferd im Maul nicht weh tun und darf von ihm nicht als Bestrafung...

Du und dein Pferd – ein tolles Team! Damit nicht nur du mit deinem Pferd glücklich bist, sondern dein Pferd auch mit dir, musst du einige Dinge unbedingt beachten. In diesen Kästen findest du also besonders Wichtiges, damit ihr euch beide gut versteht.

KURZ GESAGT

Zaumzeug anlegen:
▶ Stallhalfter um den Hals legen,
▶ Gebiss einführen, Genickstück und Stirnriemen ...

Bist du eher ein ungeduldiger Leser? Wenn du das Wichtigste in Kürze wissen willst, dann kannst du das unter „Kurz gesagt" nachlesen. Solche Kästen findest du nach jeder großen Überschrift in einem Kapitel.

Weißt du's? Teste dein Wissen

1 Regeln im Gelände sagen, dass
    a) du grundsätzlich zum Schritt parierst, wenn dir andere Menschen begegnen.
    b) der Schnellere Vorrang hat.
    ...

Vielleicht willst du dich irgendwann einmal zum Basispass anmelden? Dann kannst du mit den Tests am Ende der Kapitel überprüfen, ob du die richtige Antwort weißt. Oder du findest eben nur heraus, was du dir alles merken konntest. Das macht auf jeden Fall Spaß!

Ein Pferd verstehen lernen

1 Ein Pferd verstehen lernen

Sind Pferde für dich das Größte? Träumst auch du diesen Traum von Freiheit und Geschwindigkeit auf dem Rücken eines Pferdes, von Eleganz und Perfektion, von Freundschaft und Liebe? Du sitzt auf deinem Lieblingspferd und die Fantasie trägt dich davon ...

Bevor sich dieser Traum eines Tages erfüllt, solltest du einige Dinge wissen, damit du dein Pferd auch verstehst. Du solltest zum Beispiel wissen, dass das Pferd ein Lauftier, ein Herdentier und ein Fluchttier ist. Diese Eigenschaften sind ihm angeboren und daher ein fester Bestandteil eurer Beziehung. Um dein Pferd wirklich zu verstehen, musst du auch seine Körpersprache kennen. So lernst du Schritt für Schritt »pferdisches Denken« — eine wichtige Voraussetzung für jeden guten Reiter.

Das Pferd ist ein Lauftier

Mit ihren Lippen sortieren die Pferde sorgfältig aus, welches Futter gezupft wird.

Gesund durch Bewegung

Pferde müssen immer genügend Bewegung haben, sonst werden sie krank. Wenn du Pferde auf der Weide beobachtest, dann siehst du, dass sie sich ständig bewegen. Dabei legen sie, wenn sie die Möglichkeit haben, bis zu zwanzig Kilometer am Tag zurück. Ihr Körper ist von Natur aus darauf eingestellt, viele Schritte zu machen. Nur so bleiben die Gelenke gesund.

Auch für den Transport der Nahrung durch den Darm ist dieses Wandern wichtig. Das Pferd hat einen kleinen Magen und ganz lange Därme, durch die das Futter transportiert werden muss. Am besten funktioniert das beim langsamen Wandern. Du hast sicher schon gesehen, wie viel Zeit sich Pferde lassen, um das Angebot an Gräsern mit ihren Tasthaaren zu sortieren und einzeln auszuzupfen. Das zeigt dir wie schnell, oder besser gesagt wie langsam, sie Nahrung aufnehmen können.

Genügend Bewegung sorgt für Ausgeglichenheit

Pferde, die genug Auslauf haben, sind ausgeglichener und gesünder. Sie spielen und kratzen sich gegenseitig das Fell, galoppieren gemeinsam eine Runde oder dösen in der Sonne. Freundschaften entwickeln sich. Wenn genug Platz da ist, dann können sich auch Pferde, die einander nicht so mögen, aus dem Weg gehen.

Pferden, die vorwiegend die Gitterstäbe ihrer Box sehen, fehlt die notwendige Bewegung und Abwechslung. Sie sind gelangweilt, nicht ausgelastet und vermissen den Kontakt zu anderen Pferden. Sie gewöhnen sich dann zum Beispiel an, den Kopf hin und her oder auf und ab zu bewegen. Das bezeichnet man in der Fachsprache auch als »Unart«.

Laufen und dösen im Wechsel

Pferde dösen auch gerne einmal. Dabei senken sie den Kopf und die Au-

In Ruhestellung und beim Dösen wird oft ein Hinterbein entlastet (Pfeil).

gen sind halb geschlossen. Sie stehen dann ganz entspannt da, oft auch nur auf drei Beinen. Ein Hinterbein wird entlastet, es hat dann nur mit der Hufspitze Kontakt mit dem Boden. Trotzdem steht es dabei ganz sicher. Das ist die typische Ruhestellung, die natürlich nicht nur auf der Weide, sondern auch im Stall funktioniert.

KURZ GESAGT

Pferde brauchen eine Weide, um
- ▸ Muskeln und Gelenke fit zu halten,
- ▸ die Verdauung zu unterstützen
- ▸ und Freude und Abwechslung zu haben.

Das Pferd ist ein Herdentier

Eine Gruppe mit festen Regeln

Eine Herde in Freiheit besteht aus einer Gruppe von Stuten mit ihren Fohlen und einem Leithengst. Sie bilden einen festen Herdenverband, in dem ganz klar geregelt ist, wer welche Position einnimmt. Es gibt ranghöhere und rangniedrigere Tiere. Solange diese Ordnung besteht, fühlen sich die Pferde sicher.

Schutz für alle

Frisch geborene Fohlen können schon kurz nach ihrer Geburt selbstständig laufen und bleiben dicht bei ihren Müttern. Sie werden von ihnen oder ihren »Tanten« beaufsichtigt. Wenn Pferde fliehen, stürmt die Leitstute voraus und zeigt den Weg. Die Kleinen werden in die Mitte genommen, um sie möglichst gut zu schützen. Somit bedeutet die Herde für alle Schutz und Geborgenheit.

Wenn Pferde im Freien schlafen oder dösen, wacht immer mindestens

ein Pferd über die anderen. Sie wechseln sich dabei ab, so dass alle ihren Schlaf bekommen.

Leitstute und Leithengst

Die Leitstute ist meist ein älteres, erfahrenes Pferd, dem die anderen

Aufmerksam beobachten die Pferde den »Eindringling«.

Pferde vertrauen. Sie strahlt Sicherheit und Geborgenheit aus und führt die Herde an.

Der Leithengst beschützt die Herde nach außen. Er sorgt dafür, dass auch Nachzügler mitkommen und wehrt Feinde ab. Er ist normalerweise der Stärkste und Mutigste in der Herde und auch der Einzige, der für Nachwuchs sorgen darf. Junge heranwachsende Hengste, die mit ihm um die Vorherrschaft rangeln, werden von ihm vertrieben und müssen ihre eigene Herde zusammenstellen. Wenn der Leithengst zu schwach wird, muss er die Leitposition an einen jüngeren und stärkeren Hengst abgeben und die Herde verlassen.

Ein Platz in der Rangordnung

Pferde leben in unseren Reitbetrieben nicht mehr in solchen Herden, aber sie haben ihre Natur nicht abgelegt. Sie haben immer noch das Bedürfnis, einen bestimmten Rang einzunehmen und beschützt zu werden. Wenn ein Pferd die Eigenschaften

mitbringt, ein Leittier zu sein, wird es dies auch in den bunt zusammen gewürfelten Gruppen eines Reitbetriebs zeigen wollen.

Du und dein Pferd — eine kleine Herde

Ein Pferd und ein Mensch sind zusammen schon eine kleine Herde. Auch du und dein Pferd! Es wird dir durch sein Verhalten, durch respektloses Anstupsen oder braves Folgen, mitteilen, wo es dich in seiner Rangliste einordnet. Es will wissen, wo es steht und was es von dir zu erwarten hat.

Vertrauensvoll marschiert die Stute hinter dem Mädchen her.

Für eine gute Beziehung zu deinem Pferd ist es wichtig, dass du deine Position in der kleinen Herde klärst. Nach und nach wirst du lernen, dir die Leitposition zu erarbeiten, damit dein Pferd dich respektiert. Das kann gelingen, auch wenn du körperlich im Verhältnis zum Pferd viel schwächer bist, denn hier geht es nicht um Körperkraft.

KURZ GESAGT

Pferde sind Herdentiere: Die Herde bedeutet Schutz und Geborgenheit.
▸ Auch du bist ein Herdenmitglied.
▸ Mit Konsequenz und Liebe übernimmst du die Führungsposition.

Der Hengst treibt seine Stuten und Fohlen vor sich her.

Das Pferd ist ein Fluchttier

Flucht sichert Überleben

Das Pferd ist ein außergewöhnlich friedliches Tier. Es gibt nur wenige Situationen, in denen es zum Angriff bereit ist. Eine solche Situation kann sein, wenn es um Machtpositionen innerhalb der Herde geht. Zum Beispiel, wenn ein Hengst die Vorherrschaft eines anderen angreift oder wenn um die hintersten Plätze gerangelt wird.

Wild stürmen die Pferde davon – was hat sie wohl erschreckt?

Ein Pferd kann aber auch dann ein Angreifer werden, wenn es Feinde von außen abwehren will. Normalerweise stürmen Pferde bei drohender Gefahr davon. Der Leithengst hat jedoch die Aufgabe, die Herde gegen Feinde zu verteidigen. Er hat den am besten entwickelten Instinkt für Gefahren und die größte Kampfkraft. Wenn nötig, greift er durch Beißen und Schlagen an, während die Herde flüchtet.

Der Instinkt für Gefahr ist geblieben

Der Instinkt, bei Gefahr zu flüchten, ist in jedem Pferd verankert. Jeder Reiter, dessen Pferd am hundertsten Plastiksack nicht vorbeigehen will, kann ein Lied davon singen, wie ängstlich ein Pferd sein kann. Doch dieses Verhalten erklärt sich aus der langen Geschichte des Pferdes als Jagdbeute von fleischfressenden Tieren. Vielleicht sieht der Plastiksack aus wie ein Puma? Oder könnte sich hinter dem Holzstoß, an dem dein Pferd nicht vorbeigehen will, ein wildes Tier versteckt halten? Wenn du das weißt, kannst du auch die Angst deines Pferdes besser verstehen. Nur wenn dein Pferd Vertrauen zu dir hat, wird es auf dich »hören« und seine Angst überwinden.

Die Beiden halten gerade ein intimes Zwiegespräch. Ein Beispiel für Vertrauen.

Du und dein Pferd

In der Herde gibt die Leitstute das Kommando zur Flucht, ihr rennen alle Pferde nach, denn zu ihr haben sie Vertrauen. Also ist es ganz wichtig, dass du das »Leittier« wirst und dir das Vertrauen deines Pferdes erwirbst. Dann kannst du dein Pferd in Situationen, in denen es Angst vor etwas bekommt, beruhigen.

KURZ GESAGT

Pferde sind Fluchttiere:
▸ Pferde sind von Natur aus sehr friedliebend.
▸ Bei Gefahr flüchten sie im Schutz der Herde.
▸ Eine vertrauensvolle Beziehung trägt dich und dein Pferd.

Die Sprache der Pferde verstehen lernen

Ohren und Körper erzählen viel

Wie kannst du erkennen, wie dein Pferd sich gerade fühlt? Es gibt viele Merkmale in der Körpersprache, mit deren Hilfe Pferde ihre Stimmungen ausdrücken. Ihre Körpersprache ist die »pferdische« Sprache, mit der sie sich mit allen Lebewesen, also auch mit dir, verständigen. Am deutlichsten siehst du an den Ohren, die sich in alle Richtungen drehen können, was dein Pferd dir sagen will.

Komm schmusen!

Beim zärtlichen Schmusen legt dein Pferd die Ohren schräg nach hinten. Die Nüstern, so heißen die Nasenlöcher beim Pferd, und das Maul sind dabei ganz entspannt.

Was ist das da?

Senkrecht nach oben gerichtete Ohren und weit aufgerissene Augen heißen, dass dein Pferd etwas wahrgenommen hat, was es noch nicht einordnen kann. Es macht sich ganz groß, indem es auch den Hals auf-

reckt, um alles in der Umgebung möglichst gut zu sehen. Als Reiter ist es in dieser Situation deine Aufgabe, dein Pferd zu beruhigen und es an das Vertrauen zu erinnern, das es zu dir haben kann.

Hier ist jemand sehr ärgerlich und legt die Ohren quer.

Ich bin ärgerlich!

Flach nach hinten angelegten Ohren bedeuten Vorsicht. Die Nüstern sind weit geöffnet, der Körper von Kopf bis Fuß angespannt. Das bedeutet, dass dein Pferd sehr ärgerlich ist und auch zubeißen könnte. Dann nimmst du besser Abstand und findest heraus, warum es so ärgerlich ist.

Ich hör dir genau zu!

Wenn die Pferdeohren bei der Arbeit, zum Beispiel beim Reiten oder auch beim Spielen, schräg nach vorne gerichtet sind, dann konzentriert sich dein Pferd auf das, was es tut und hört auf dich. Beobachte das und du wirst merken, sobald deine Konzen-

Der Gesichtsausdruck ist ganz weich und die Ohren sind in »Schmuse-Position«.

Ohren senkrecht oben, Augen und Nüstern weit aufgerissen – das Pferd ist erschrocken.

Die Ohren sind aufmerksam in »Fahrtrichtung« gestellt.

tration nachlässt, lässt auch die deines Pferdes nach. Beim Reiten sind die Pferdeohren auch oft nach hinten gerichtet, das heißt, ganz zu dir. Das Pferd lauscht aufmerksam, was von dir kommt.

Ich bin unruhig!

Ein anderer Stimmungsbarometer ist der Pferdeschweif. Wenn er unruhig hin- und herschlägt, dann ist das

Die hoch aufgerichtete Schweifrübe signalisiert Unruhe und Aufregung.

Pferd aufgeregt. Natürlich können es auch lästige Fliegen sein, die es mit dem Schweifhaaren verscheuchen will. Beim Reiten ist ein unruhiger Schweif ein Zeichen dafür, dass etwas nicht stimmt. Bei großer Erregung ist die Schweifrübe, der Beginn des Schweifs, hoch aufgestellt.

Auch du gibst Signale

Über das Ohrenspiel kannst du also herausfinden, was dein Pferd dir sagen will. Umgekehrt geht es leider nicht, denn du kannst ja dem Pferd nicht mit deinen Ohren zeigen, was mit dir los ist. Also musst du mit deiner Stimme und mit deinem Körper zu ihm sprechen. Es ist wichtig, dass du bei allem, was du tust, ganz ruhig mit dem Pferd umgehst. Wildes Hin- und Herlaufen und Schreien in der Nähe von Pferden sind Mitteilungen deiner Körpersprache, die sie verwirren und auch in Panik versetzen können.

Sich richtig nähern

Nähere dich einem Pferd am besten von der Seite und zwar so, dass es dich sehen kann. Auf keinen Fall darfst du von hinten kommen, denn dann sieht es dich nicht und erschrickt. Du kannst auch von vorne auf dein Pferd zugehen, wenn du dich mit ruhigen Schritten näherst, oder es zu dir kommen lassen.

Sei klar, gerecht und liebevoll

Damit ihr wirkliche Freunde werden könnt, müssen deine Handlungen klar, gerecht und liebevoll sein. Sei

Doppeltes Glück: eine zärtliche Reiterin und die Nase im Gras.

Nähere dich deinem Pferd von der Seite, denn hinten kann es dich nicht sehen.

KURZ GESAGT

»Pferdisch« verstehen lernen:
▶ »Pferdisch« ist eine Sprache mit den Ohren und mit dem Körper.
▶ Um ein Freund deines Pferdes zu werden, musst du klar, gerecht und liebevoll handeln.

klar und bestimmt bei allem, was du von deinem Pferd verlangst. Wenn du plötzlich aufgibst, weil du keine Geduld mehr hast, dann wird dein Pferd dir beim nächsten Mal noch weniger gehorchen.

Wenn du merkst, dass du wütend wirst, solltest du immer zuerst prüfen, ob das gerecht ist. Könnte es sein, dass dich dein Pferd nur nicht verstanden hat und deshalb nicht tut, was du von ihm verlangst? Schau erst

Die Ohrenstellung ist zirkusreif. Da herrscht Verwirrung!

bei dir nach und prüfe, ob du eine unklare oder falsche Anweisung gegeben hast.

Natürlich musst du dein Pferd zurechtweisen, wenn es dir nicht gehorcht. Ein lautes »Nein« oder ein Klaps ist manchmal angebracht, um zu zeigen, dass hier eine Grenze ist.

Verwässere die Botschaften an dein Pferd nicht, indem du ihm während der Arbeit immer wieder Leckerlis zusteckst. Nach der Arbeit darfst du es natürlich – besser noch mit Karotten – belohnen.

Weißt du's? Teste dein Wissen

1 Brauchen Pferde Auslauf?
   a) Nein, sie haben keine Lust zu laufen.
   b) Ja, ihr ganzer Organismus ist auf Laufen eingestellt.
   c) Am liebsten bewegen sie sich nur eine Stunde pro Tag.

2 Brauchen Pferde Gesellschaft?
   a) Nein, sie sind Einzelgänger.
   b) Nein, sie bevorzugen einen einzigen Partner.
   c) Ja, sie brauchen den Schutz der Herde.

3 Was tun Pferde, wenn sie Angst haben
   a) Sie wollen möglichst schnell fliehen.
   b) Sie suchen die nächste Möglichkeit, außer Sichtweite zu gelangen.
   c) Alle Pferde stellen sich der Gefahr und greifen an.

4 Was heißt »Pferdisch« lernen?
   a) Wiehern lernen wie die Pferde.
   b) Die Körpersprache der Pferde kennen und verstehen lernen.
   c) Möglichst grob mit dem Pferd umgehen.

Richtig: 1b, 2c, 3a, 4b

Von weit,
weit komm ich her

2 Von weit, weit komm ich her

Lebewesen gibt es schon recht lange auf der Welt. Sie haben nicht immer so ausgesehen wie jetzt. Die Geschichte ihrer Entwicklung reicht Millionen Jahre zurück. Wir, die Menschen, haben uns zum Beispiel über viele tausende von Jahren verändert, uns von unseren Vorfahren weg entwickelt. Auch das Pferd hat verschiedene Entwicklungsstufen durchlaufen. Wildpferde wurden vom Menschen in den Dienst genommen und als Arbeitspferde eingesetzt. Heute sind Pferde zum größten Teil Partner in unserer Freizeitgestaltung.

Es gibt einen Stammvater der Pferde, den so genannten »Eohippus«. Dieser entwickelte sich vom Laubfresser zum Grasfresser und weiter zum Wildpferd.

Die lange Geschichte der Pferde

Der Stammvater der Pferde

Noch viel weiter als bei uns Menschen reichen die Ursprünge der Pferde zurück. Vor 60 Millionen Jahren soll es in Nordamerika den »Eohippus«, das heißt »Pferd der Morgenröte«, gegeben haben. Dieser Eohippus lebte in den Wäldern und fraß Laub. Er war ungefähr 25–40 cm groß – damit etwa ähnlich groß wie ein Fuchs. An den Vorderbeinen hatte er vier Zehen, an den Hinterbeinen dagegen nur drei Zehen. Dieser Eohippus war der Stammvater der Pferde.

Woher wissen wir überhaupt von diesem Stammvater? Versteinerungen berichten uns darüber. An ihnen kann man die Körpereindrücke, also die Gestalt, die Größe und andere Einzelheiten erkennen. Wissenschaftler haben herausgefunden, wie alt diese Versteinerungen sind. Daraus kann man bestimmen, wann diese Pferde ungefähr gelebt haben.

Diese Urpferd-Versteinerung ist ungefähr 50 Millionen Jahre alt.

Entwicklung vom Laubfresser zum Grasfresser

Vor ungefähr 25 Millionen Jahren waren die Tiere schon größer: 60 bis 90 cm. Da die Wälder allmählich zu Steppen wurden, mussten die Laubfresser sich auf das dürftige Steppengras umstellen. Das kann man am Gebiss erkennen, das sich deswegen verändert hat. Ihre Vorderbeine verloren die vierte Zehe. Jetzt liefen sie nur noch auf den mittleren Zehen, den späteren Hufen. Aus den seitlichen Zehen entstanden dann die Griffelbeine.

Die ersten Wildpferde

Vor 1–2 Millionen Jahren breiteten sich die Pferde weiter aus. Über die Landbrücken in der Eiszeit waren sie nach Südamerika, Asien, Europa und Afrika gewandert. Ein neuer Typ tauchte auf: das Steppenpferd. Später entwickelte sich daraus in Afrika das orientalische Vollblut. Man kann diese Pferde als direkte Vorfahren bezeichnen. Sie haben bereits Hufe und ein Stockmaß von ungefähr 122 cm. In anderen Gegenden entwickelten sich die Stammväter der Kaltblutrasse: die schweren Waldpferde. Die Vermischung dieser Rassen hat dann zum bekannten Warmblut geführt. Aber zunächst waren all diese Vorfahren Wildpferde.

Wildpferde bei uns

In Deutschland hat noch eine Gruppe von Pferden das Glück, relativ frei zu leben, und zwar die »Dülmener Wildpferde«. Es sind 200 bis 300 Stuten und Fohlen, die ein großes eingezäuntes Gebiet bewohnen.

Diese kleinen Pferde werden, solange sie auf ihrem Gelände leben, weder als Sport- noch als Arbeitstiere eingesetzt. Allerdings werden ein Mal im Jahr die Hengstfohlen im Alter von ungefähr einem Jahr (Jährlingshengste) aus der Gruppe heraus-

geholt, damit sie nicht zu groß wird. Früher wurden sie dann in bäuerlichen Betrieben als Zugpferde eingesetzt, heutzutage werden nicht selten robuste Kinderreitpferde aus ihnen.

Pferde werden Arbeitstiere

An Knochenfunden kann man feststellen, dass vor ungefähr 4000 bis

Die Dülmener Wildpferdeherden bestehen nur aus Stuten und deren Nachkommen.

Die schweren Kaltblutpferde werden auch heute noch bei Waldarbeiten eingesetzt.

6000 Jahren Menschen begannen, Pferde als Arbeitstiere in ihre Dienste zu stellen. Pferde wurden zu »Haustieren« erzogen. Zunächst wurden Schafe und Rinder zu Pferd gehütet. Später wurden Pferde vor den Karren gespannt, um Personen oder Waren zu transportieren.

Als die Industrialisierung im 20. Jahrhundert bei uns einzog, verlor

Zugpferde werden als Attraktion im Fremdenverkehr eingespannt.

das Pferd als Arbeitstier allmählich an Bedeutung. Maschinen waren oft schneller und einfacher zu bedienen. Das hatte zur Folge, dass weniger Arbeitspferde gezüchtet wurden. Einige schwere Pferderassen wären dadurch fast ausgestorben, wenn nicht besondere Liebhaber dieser Rassen die Züchtung wieder aufgenommen hätten.

In bäuerlichen Betrieben und in unwegsamem Gelände, in dem keine Maschinen eingesetzt werden kön-

nen, werden auch heute noch Pferde als Arbeitstiere eingesetzt.

Das Pferd ist heute, zumindest hier bei uns, aus seiner Rolle als Arbeitstier größtenteils herausgewachsen. Es ist dafür in die Rolle des Freizeitpartners geschlüpft. So vielfältig wie die Sportarten, so unterschiedlich sind die Pferdetypen, die heute gezüchtet werden.

Pferde machen mobil

Die Vierbeiner wurden immer dann eingesetzt, wenn Menschen große Strecken schnell überwinden wollten. Pferde wurden unentbehrlich, um Reisekutschen zu ziehen. Kriege wurden zu Pferd geführt und die schweren Kanonen von Pferden gezogen. Stell dir vor, eine Ritterrüstung mit Waffen und Sattel wog bis zu 190 Kilogramm! Da brauchte man ein starkes Pferd.

Das Pferd wurde der Kampf-, Jagd- und Weggenosse des Menschen. Von seinem Rücken aus wurden Reiche und Kulturen errichtet und wieder zerstört.

Lebendige Vergangenheit

Schon lange leben die meisten Pferde nicht mehr in Freiheit, aber ihre Instinkte haben sie bewahrt. Stell dir vor, dein Pferd würde noch in freier Natur leben und du würdest ihm folgen. Dann würdest du lernen, wo es Wasser gibt und welche Pflanzen genießbar sind. Die Indianer beispielsweise haben diesen Instinkt genutzt. Medizinmänner lernten von den Pferden, welche Pflanzen essbar und

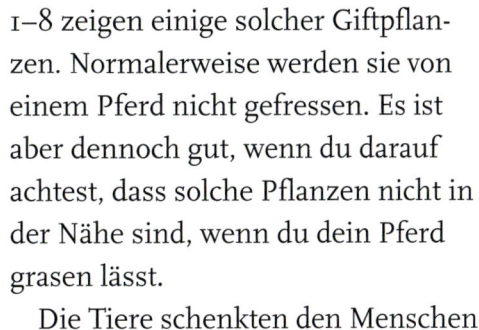

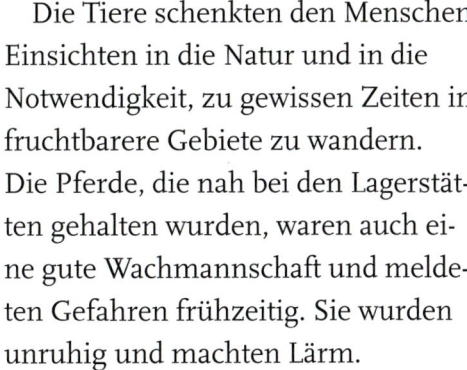

welche giftig waren. Die Abbildungen 1–8 zeigen einige solcher Giftpflanzen. Normalerweise werden sie von einem Pferd nicht gefressen. Es ist aber dennoch gut, wenn du darauf achtest, dass solche Pflanzen nicht in der Nähe sind, wenn du dein Pferd grasen lässt.

Die Tiere schenkten den Menschen Einsichten in die Natur und in die Notwendigkeit, zu gewissen Zeiten in fruchtbarere Gebiete zu wandern. Die Pferde, die nah bei den Lagerstätten gehalten wurden, waren auch eine gute Wachmannschaft und meldeten Gefahren frühzeitig. Sie wurden unruhig und machten Lärm.

Wie alt werden Pferde?

Wie alt Pferde werden, kann man nicht eindeutig beantworten. Das geht bei uns Menschen ja auch nicht. Wenn ein Pferd gut gehalten wird und gute Anlagen besitzt, dann kann es auch sehr alt werden. Ich habe ein Pferd kennengelernt, das schon über 35 Jahre alt war, als ich es gesehen habe.

1 *Seidelbast.*
2 *Europäischer Buchsbaum.*
3 *Weiße Robinie.*
4 *Herbst-Zeitlose.*
5 *Roter Liguster.*
6 *Eibebeere.*
7 *Acker-Schachtelhalm.*
8 *Adlerfarn.*

Du und dein Pferd

Wie alt ein Pferd wird, hängt davon ab, wie auf seine Gesundheit geachtet wird. Muss es zum Beispiel Arbeit leisten, auf die seine Muskeln nicht vorbereitet sind, ist der Schaden vorprogrammiert. Mehr zur Gesunderhaltung deines Pferdes, findest du auf S. 123.

KURZ GESAGT

Die Geschichte der Pferde:

▶ Die ersten »Pferde« gab es vor 60 Millionen Jahren.
▶ Aus Wildpferden wurden Arbeits- und dann Freizeitpferde.
▶ Instinkte prägen auch heute noch das Verhalten.
▶ Wie alt ein Pferd werden kann, hängt ab von der artgerechten Haltung und seiner Rasse.

Es gibt Rassen, die von Natur aus älter werden, dazu gehören bestimmte Ponyrassen. Sehr hochgezüchtete Pferde dagegen werden eher nicht so alt, weil sie anfälliger sind für Krankheiten. In manchen Fällen muss man sich leider von einem Pferd verabschieden, wenn die Krankheit ein pferdewürdiges Leben unmöglich macht.

Um fit zu bleiben , muss ein Pferd artgerecht behandelt werden. Es muss Kontakte knüpfen und Zuneigung entwickeln können. Es muss gesund gehalten und richtig geritten werden.

Auch Zuneigung ist wichtig, damit ein Pferd lange lebt.

Weißt du's? Teste dein Wissen

1 Wie fressen Pferde?
    a) Sie wollen möglichst schnell ganz viel fressen.
    b) Aus Laubfressern wurden Grasfresser, die viel Zeit brauchen.

2 Haben Pferde eine Instinkt?
    a) Nein, er ist im Laufe der Zeit verloren gegangen.
    b) Ja, er ist immer noch wie vor Tausenden von Jahren lebendig.

3 Sind Pferde wachsam?
    a) Ja, sie beobachten ihr Umfeld genau.
    b) Nein, sie warten immer, bis der Herdenführer Gefahr meldet.

4 Sind Pferde moderne Sportgeräte?
    a) Ja, man muss sie nur so dressieren.
    b) Nein, man muss ihre Vergangenheit einbeziehen, um mit ihnen umgehen zu lernen.

5 Ist es richtig, dass Pferde zirka 20 Jahre lang leben?
    a) Ja, die Lebensdauer ist immer gleich.
    b) Nein, die Lebensdauer hängt von vielen verschiedenen Dingen ab wie die Art der Arbeit, der Haltung und der Rasse.

Richtig: 1b, 2b, 3a, 4b, 5b

Kleine und große Pferde

3 Kleine und große Pferde

Ihrer Größe nach teilt man die Pferde ein in Ponys, Kleinpferde und Großpferde. Dazu benutzt man ein bestimmtes Maß, das man Stockmaß nennt. Wie es bestimmt wird, kannst du auf Seite 36 nachlesen. Bis zu einem Stockmaß von 148 Zentimetern gelten die Pferde als Kleinpferde und Ponys. Alle größeren Pferde nennt man Großpferde. Natürlich geht man dabei nur von ausgewachsenen Pferden aus; das sind sie meist mit 6 Jahren.
Außer nach der Größe können Pferde noch in die Gruppe der Kaltblüter und der Warm- und Vollblüter unterteilt werden.

Kaltblüter, Voll- und Warmblüter

Kaltblüter

Großpferde unterscheidet man nach dem Körperbau. Große, starke Pferde mit dicken Knochen, üppigem Schweif und langer Mähne nennt man Kaltblutpferde. Das hat nichts damit zu tun, dass ihr Blut kälter wäre als das der anderen Pferde. Die meisten dieser Pferde haben ein ruhiges Temperament und sind sehr verlässlich, sie bleiben »cool«, was so viel wie »kalt« heißt. Sie werden auch die »sanften Riesen« oder die »Dicken« genannt. Diese Pferde waren früher richtige Arbeitstiere. Für alle schweren Arbeiten in der Landwirtschaft und zum Transportieren von Gütern waren sie prima geeignet.

Vollblüter

Die Bezeichnung »Vollblut« gilt nur für zwei Pferderassen, für das arabische und das englische Vollblut. Wahrscheinlich stammen alle englischen Vollblutpferde auf der Welt von nur 49 Mutterstuten ab. Sie wurden zur Zucht von schnellen, edlen Pferden verwendet. Dazu wurden auch Stuten und Hengste aus rein arabischem Blut eingeführt und mit den englischen Vollblutpferden vermischt.

Die Zucht der Vollblüter wird als »Krone der Tierzucht« bezeichnet und daher sehr streng gehandhabt. Vollblüter werden nach Schnelligkeit, Charakter, Temperament, Gesundheit und Härte beurteilt und müssen außerdem eine Ahnentafel nachweisen. So wird die Zucht rein und leistungsstark gehalten. Es sind schnelle Pferde mit elegantem Körperbau und klaren, sehnigen Beinen.

Warmblüter

Bei den Warmblütern gibt es dagegen praktisch alle Arten von Züchtungen. Je nach Wunsch werden bestimmte Merkmale heraus gezüchtet. So vielfältig wie die Abstammungen und Mischungen sind, so vielfältig ist ihr Erscheinungsbild.

Warmblüter werden auch als Gespannpferde eingesetzt. Vom braven Schulpferd bis zum Hochleistungspferd ist alles vertreten.

KURZ GESAGT

Kaltblüter, Warmblüter und Vollblüter:

▸ Kaltblüter sind große und schwere Pferde. Sie sind Arbeits- und Reitpferde.

▸ Es gibt arabische und englische Vollblüter. Sie sind Renn- und Reitpferde.

▸ Warmblüter haben verschiedene Abstammungen. Sie sind Reit- und Gespannpferde.

Ponys, Kleinpferde und Gangpferde

Ponys und Kleinpferde

Alle Pferde unter 1,48 Meter Stockmaß gehören zu den Kleinpferden, vom kleinsten Shetlandpony bis zum stattlichen Haflinger. Früher wurden kleine Pferde nicht als Sportpferde für Kinder gezüchtet, sondern weil sie unempfindlicher, geländesicherer und robuster waren als ihre großen Kollegen. Auch bei den Kleinpferden findest du sehr unterschiedliche Gestalten. Manche sind so kräftig, dass sie sogar Erwachsene tragen können. Dazu gehören die Haflinger, Isländer und Fjordpferde. Ihr Knochenbau ist für ihre Größe recht kompakt, dadurch sind sie belastbarer als schmale und zarte Ponyrassen.

Gleichmütig lässt das Shetland-Pony das Fußbad über sich ergehen.

Gangpferde

Eine ganz besondere Kategorie sind die Gangpferde. Normalerweise hat ein Pferd drei Gangarten: Schritt, Trab und Galopp, die auf Seite 87 genauer erklärt werden. Gangpferde haben zusätzlich dazu noch eine vierte Gangart, die man »Pass« nennt. Hier fußt das Pferd mit dem Vorder- und Hinterbein einer Seite gleichzeitig auf, dann mit dem Vorder- und Hinterbein der anderen Seite. Man nennt diese Gangart im Englischen »Camel walking«, das heißt Kamelgang, denn Kamele gehen auch so.

Es gibt auch noch verschiedene Varianten dieser Gangart, zum Beispiel »Tölt« und »Walk«. Die Pferde brauchen sie nicht zu lernen, denn sie ist angeboren. Bei uns sind die bekanntesten Gangpferde die Islandpferde, die Tölt gehen. Viele begeisterte Anhänger schwören auf diese Reitweise, weil sie sehr bequem zu sitzen ist.

Schnell und bequem zu sitzen: Gangpferd im Tölt.

KURZ GESAGT

Ponys, Klein- und Gangpferde:

▸ Alle Pferde unter 1,48 Meter Widerristhöhe gehören zu den Kleinpferden.

▸ Gangpferden ist nach Schritt, Trab und Galopp noch eine vierte Gangart angeboren.

Schwarz, braun oder getupft — die Fellfarben und Abzeichen

Fellfarben

Nach der Fellfarbe werden die Pferde zum Beispiel in Braune, Füchse und Schimmel eingeteilt. Diese können wiederum verschiedene Farbabstufungen haben. Wie du vielleicht schon festgestellt hast, verändern sich manche Fellfarben je nach Jahreszeit. Beim Fellwechsel im Frühjahr verliert das Pferd sein Winterfell und heraus kommt das seidige Sommerfell, das manchmal heller oder dunkler ist. Übrigens ist der Fellwechsel eine anstrengende Zeit für das Pferd. Es ist dann auch anfälliger für Krankheiten.

Braune
Braunes Deckhaar, schwarze Mähne und schwarzer Schweif

Füchse
Hellbraunes bis kupferfarbenes Deckhaar, gleiche Mähne und gleicher Schweif

Schimmel
Kommen stets schwarz auf die Welt und werden dann mehr oder weniger weiß. Gleiche Mähne, gleicher Schweif

Rappen
Vollkommen schwarz, manche sind im Winter heller

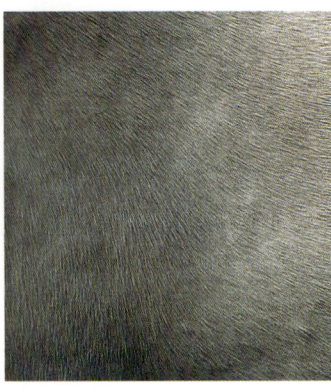

Isabellen
Cremefarbenes Deckhaar, helle Mähne, heller Schweif

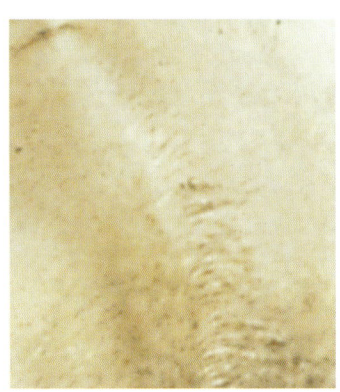

Falben
Cremefarbenes Haarkleid, schwarzer Aalstrich, Mähne und Schweif schwarz

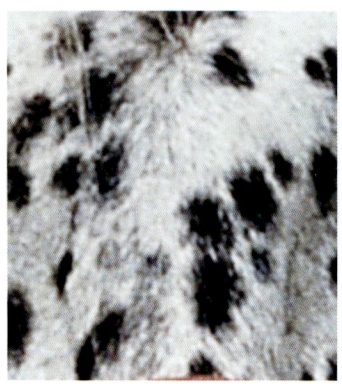

Tiger
Dunkle oder helle Grundfarbe, darauf andersfarbige runde oder ovale Flecken

Schecken
Mehr oder weniger große, braune und schwarze unregelmäßige Flecken

Abzeichen

Viele Pferde haben am Kopf verschiedene Zeichnungen, die man Abzeichen nennt. Diese Abzeichen werden zur Identifizierung der Pferde in den Pferdepass als besonderes Kennzeichen eingetragen. Auch die weißen Stellen an den Beinen werden im Pferdepass vermerkt. Alles, was von den Ballen an aufwärts in irgendeiner Form von der Grundfarbe abweicht und zur Erkennung eines Pferdes dienen könnte, wird in den Pass eingetragen. Die folgenden Abbildungen zeigen dir einige Beispiele von Abzeichen.

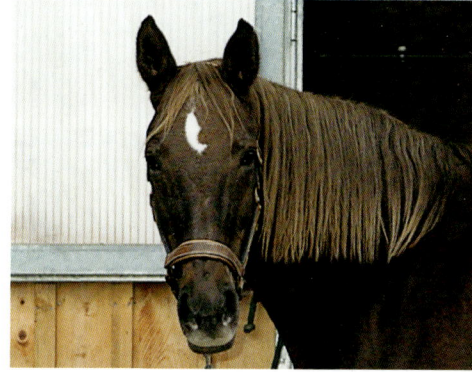

Ein weißer Halbmond auf der Stirn heißt halbmondförmiger Stern.

Ein kleiner weißer Fleck auf der Stirn wird Flocke genannt. Ein weißer Fleck zwischen den Nüstern heißt Schnippe.

Ein kreisförmiger weißer Fleck auf der Stirn heißt Stern.

Wenn der ganze Kopf, außer den Ohren, weiß ist, nennt man das eine Laterne.

Wenn der weiße Fleck auf der Stirn spitz nach unten ausläuft, nennt man ihn Keilstern.

Ein langer weißer Streifen heißt Blesse. Sie kann lang und breit, durchgehend oder unterbrochen sein.

KURZ GESAGT

Fellfarben und Abzeichen:
- Mit den Bezeichnungen Rappe, Brauner, Falbe usw. werden die Fellfarben beschrieben.
- Viele Pferde haben spezielle Abzeichen am Kopf und an den Beinen.

Viele, viele Pferderassen

Alle wären zu viele

Es gibt ungefähr 60 Millionen Pferde und 300 verschiedene Rassen. Es sollen hier nur die genannt werden, die du am häufigsten in unseren Reitställen antreffen wirst.

Vielleicht ist ausgerechnet dein Pferd nicht dabei? Dann kann es sein, dass es vielleicht zu keiner bestimmten Rasse gehört.

Die Beschreibung der Pferde und ihrer Charaktereigenschaften ist eher allgemein. Im Einzelfall kann es, je nachdem wie das Pferd gehalten wird, ganz andere Charaktereigenschaften haben.

Shetland Pony

Shetland Ponys sind oft kurzbeinig, aber kräftig und robust. Wegen ihrer Menschenfreundlichkeit sind sie zu sehr beliebten Kinderreitpferden und Fahrponys geworden. Sie brauchen eine gute Erziehung. Manche sehen zwar aus wie Spielzeug, sie sind es aber nicht! Kurzer Steckbrief:

- Stockmaß: 75–115 cm
- Farben: alle
- Herkunft: Shetland Inseln
- Ursprünglich verwendet als Zug- und Packtiere

New Forest Pony

Das New Forest Pony ist ein beliebtes Kinder-Reitpferd. Es ist freundlich, lernwillig, trittsicher und eignet sich daher für jugendliche Anfänger und Fortgeschrittene, besonders zum Springen und fürs Gelände.

Kurzer Steckbrief:

- Stockmaß: 130-148 cm
- Farben: alle außer Schecken
- Herkunft: Südengland
- Verwendet als Reitpferde für Kinder und als Fahrponys

Das freundliche New Forest Pony ist lernwillig und trittsicher.

Haflinger

Früher wurden die kräftigen Haflinger als Lastträger im Gebirge eingesetzt. Heute findest du sie als Freizeitpferde zum Reiten und Fahren. Um sie edler zu machen, wurden sie teilweise mit Arabern vermischt. Diese Pferde nennt man Arabo-Haflinger. Haflinger können auch recht stur sein, haben aber im Allgemeinen einen freundlichen Charakter.

Kurzer Steckbrief:

- Stockmaß: 140–148 cm
- Farbe: alle möglichen Schattierungen der Fuchsfarbe, helle Mähne und heller Schweif
- Herkunft: Südtirol
- Ursprünglich verwendet als Lastträger im Gebirge und als Arbeitspferde in der Landwirtschaft

Der aus Südtirol stammende Haflinger ist ein kräftiges Gebirgspferd.

Fjordpferd

Das Fjordpferd ist ein stämmiges, robustes und genügsames Kleinpferd. Sein Charakter ist gutmütig, und es wird als Freizeit- und Fahrpferd eingesetzt. Kurzer Steckbrief:

- Stockmaß: 135–145 cm
- Farbe: Falbe, typische Stehmähne mit hellem Außenhaar und dunklem Innenhaar, Aalstrich

Auch ein Fjordpferd (links) spielt gerne mit anderen Pferden.

- Herkunft: Norwegen
- Ursprünglich verwendet als Zug- und Lastpferd in bäuerlichen Kleinbetrieben

Deutsches Reitpony

Alle Ponys, die aus der Kreuzung verschiedener Ponyrassen mit Großpferden entstanden sind, nennt man Deutsche Reitponys. Oft haben auch Araber mitgemischt und sie sehen eigentlich aus wie kleine elegante Warmblüter. Sie sind sehr beliebt als Turnierponys. Kurzer Steckbrief:

- Stockmaß: 130–148 cm
- Farben: alle
- Herkunft: kann man nicht eindeutig bestimmen
- Gerne verwendet als Turnierpferde

Connemara

Das Connemara-Pony ist ein kompaktes, trittsicheres Pferd mit kräftiger Statur. Die größeren Ponys können auch Erwachsene tragen. Es ist ein ideales Familienpferd mit besonderer Begabung zum Springen, für Reitjagden und Polo. Kurzer Steckbrief:

- Stockmaß: 132–148 cm
- Farben: alle außer Schecken, vor allem Falben und Schimmel
- Herkunft: Westküste Irlands
- Ursprünglich verwendet als Zug- und Lastpferde; halbwilder Ponytyp Irlands

Quarter Horse

Ideales Cowboy-Pferd mit muskulöser Hinterhand. Wegen seiner Schnelligkeit über kurze Strecken

Das Deutsche Reitpony sieht aus wie ein kleiner Warmblüter.

Gleich vier auf einen Streich unter Kontrolle: Connemara Ponys.

Quarter Horse Stute mit Fohlen fast im Gleichschritt.

hat es seinen Namen bekommen. Man verwendete sie für Kurzstreckenrennen über eine Viertelmeile (im Englischen: a quarter mile). Das Quarter-Horse ist intelligent, eifrig und ausdauernd und eines der beliebtesten Freizeitpferde, vor allem in der Western-Reitweise. Dieser Rasse gehören ca. 3 Millionen Pferde an. Kurzer Steckbrief:

▸ Stockmaß: 145–155 cm
▸ Farben: alle außer Schecken
▸ Herkunft: Nordamerika
▸ Ursprünglich verwendet als Hütepferde in Rinderherden

Islandpferd

Islandpferde sind kräftig gebaute Kleinpferde mit oft sehr starker Mähne. Sie sind temperamentvoll, hart und anspruchslos und tragen auch Erwachsene. Wie schon vorher erwähnt, beherrschen sie auch eine vierte und fünfte Gangart: Pass und Tölt, in denen sie auch auf Turnieren geritten werden. Isländer sind gutmütige Familienpferde. Kurzer Steckbrief:

▸ Stockmaß: 132–146 cm.
▸ Farben: alle
▸ Herkunft: um 1950 aus Island
▸ Ursprünglich verwendet als Lastpferde, zu Arbeiten auf dem Bauernhof und zum Sport

Andalusier

Die Andalusier sind elegante spanische Pferde mittlerer Größe mit ehrlichem Charakter. Die besten Andalusier stammen aus der Zucht in Jerez in Spanien. Dort glänzen sie in der

Königlich-Andalusischen Reitschule mit ihren Leistungen in klassischer Dressur. Oft findet man sie auch im Zirkus und bei Stierkämpfen zu Pferd. Kurzer Steckbrief:

▸ Stockmaß: 155–160 cm
▸ Farben: Braune, Isabellen Rappen, aber vor allem Schimmel
▸ Herkunft: Andalusien
▸ Einsatz als königliche Pferde in Dänemark, Österreich, Spanien und England

Ob der hübsche spanische Andalusier wohl für den Zirkus übt?

Arabisches Vollblut

Der feurige und mutige Araber ist nicht nur die reinste Pferderasse, sondern auch die älteste. Wegen ihrer Ausdauer, Genügsamkeit und eleganten Gestalt wurden sie in unzählige andere Pferderassen eingekreuzt. Typisch für das Vollblut sind die Einbuchtung am Nasenbein (»Araberknick«) und die weiten feinen Nüstern. Trotz ihrer nicht übermäßig langen Beine laufen sie sehr schnell und über weite Entfernungen.

Galoppierendes Islandpferd mit wallender Mähne.

Das Arabische Vollblutpferd hat den typischen Knick am Nasenbein (Araberknick).

Kurzer Steckbrief:
▸ Stockmaß: 145–158 cm
▸ Farben: sehr häufig Schimmel, aber auch andere Farben
▸ Herkunft: Der Sage nach stammen alle Araber von den fünf (oder sieben) Stuten Mohammeds ab
▸ Früher Kriegspferde und Wüstenpferde, heute auch in allen Pferdesportarten im Einsatz

Englisches Vollblut

Die Rasse der Englischen Vollblüter stammt ursprünglich von drei arabischen Hengsten ab, die ihnen Ele-

Elegant und leistungsstark: das Englische Vollblutpferd.

ganz und Leistungsfähigkeit verliehen haben. Sie eignen sich gut für Galopprennen, Dressur, Springen, Jagd, Military, sind aber oft nicht ganz einfach in ihrem Temperament und Charakter. Kurzer Steckbrief:
▸ Stockmaß: 160–170 cm
▸ Farben: vor allem dunkelbraun, aber auch Füchse, Schimmel und Rappen
▸ Herkunft: England
▸ Speziell für Rennprüfungen gezüchtete Rasse

Hannoveraner

Hannoveraner sind kräftige, gut gebaute Warmblutpferde, die heute vorwiegend im sportlichen Reiten eingesetzt werden. Der Großteil der Warmblüter sind Hannoveraner. Ihr Charakter ist im Allgemeinen gutmütig, sie sollten über drei gute Grundgangarten und Springvermögen verfügen. Kurzer Steckbrief:
▸ Stockmaß: 162–170 cm
▸ Farben: alle Grundfarben (Schimmel, Füchse, Braune und Rappen)
▸ Herkunft: Die Zucht wurde 1736 im Raum von Hannover gegründet
▸ Ursprünglich Wirtschafts- und Kavalleriepferde, heute moderne Dressur- und Springpferde

Holsteiner

Hosteiner waren im Mittelalter Allzweckpferde. Sie sind groß und kräftig gebaut. Gute Grundgangarten und ein überdurchschnittliches Sprungvermögen zeichnen sie besonders aus. Wie die Hannoveraner wurden sie mit Vollblütern veredelt und sind

Kräftig und gut gebaut: der Hannoveraner.

Der Holsteiner hat ein überdurch-schnittliches Sprungvermögen.

Lippizaner – die berühmten Pferde der Wiener Hofreitschule.

heute sehr beliebte Turnierpferde mit gutem Charakter. Kurzer Steckbrief:

▸ Stockmaß: 160–170 cm
▸ Farben: meistens Braune, aber auch alle anderen Grundfarben
▸ Herkunft: Holstein
▸ als Reit- und Wagenpferde, heute vor allem als Sportpferde gezüchtet

Lippizaner

Lippizaner sind kompakt gebaute Pferde mit hoher Intelligenz und gro-ßem Lernwillen. Ihre Begabung und ihre Disziplin kann man in der Wie-ner Hofreitschule bewundern, wo die hohe Schule der Dressur auf und über der Erde gezeigt wird. Auch als Schulpferde eignen sie sich hervorra-gend, denn sie sind anständig und gehorchen gut. Mit 7 Jahren werden sie erst reif. Kurzer Steckbrief:

▸ Stockmaß: 150–160 cm
▸ Farben: meist Schimmel, aber auch Braune und Rappen
▸ Herkunft: Staatsgestüt in Lipica, heutiges Slowenien
▸ Als Reit-, Fahr- und Wirtschafts-pferde gezüchtet

Lusitano

Lusitanos sind, ähnlich wie Andalu-sier, mittelgroße edle Pferde. Ausge-bildet in klassischer Dressur demon-strieren vor allem die Hengste in den Stierkämpfen ihre kurzen und erha-benen Bewegungen eindrucksvoll. Bei uns finden immer mehr Reiter der iberischen Reitweise Gefallen an dieser Rasse.

Der portugiesische Lusitano ist vor allem in der iberischen Reitweise zu Hause.

Kurzer Steckbrief:

▸ Stockmaß: 150–160 cm
▸ Farben: Schimmel, Braune, Rappen
▸ Herkunft: Süden Portugals
▸ als Reitpferde, Zugpferde und Pferde im Stierkampf eingesetzt

Trakehner

Trakehner gehören neben den Voll-blutrassen zu den edelsten Reitpfer-den Deutschlands. Sie sind sowohl

Sehr edel, aber nicht ganz einfach – der Trakehner.

elegant und nobel als auch zäh und genügsam. Sie haben manchmal aber einen nicht ganz einfachen Charakter. Da sie recht groß sind, können sie sich sehr schwungvoll und korrekt bewegen. Kurzer Steckbiref:

▸ Stockmaß: 160–177 cm
▸ Farben: Füchse, Braune, Rappen, Gemischte, auch Schecken
▸ Herkunft: Trakehnen, Ostpreußen
▸ Früher bei Schlachten und Kreuzzügen eingesetzt, später in der Kavallerie und als Kutsch- und Wirtschaftspferde. Heute als Sportpferde, auch beim Military und bei Jagden verwendet

Freiberger

Freiberger sind leichte Kaltblutpferde aus der Schweiz. Ausdauernd, temperamentvoll, genügsam und freundlich verrichten sie ihre Arbeit auf unwegsamen Geländen vor allem auf Bergbauernhöfen. Bei einem mittleren Stockmaß sind es wendige Pferde

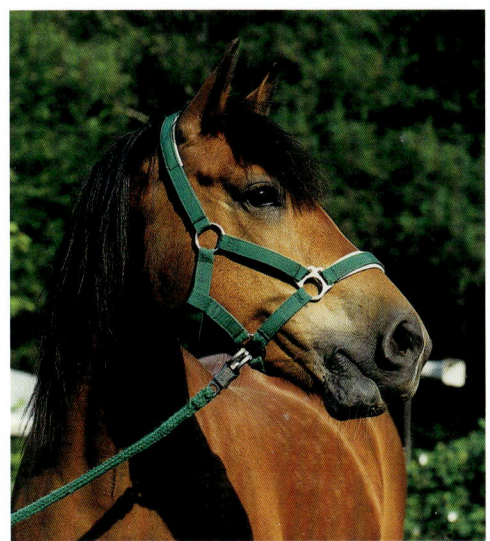

Freiberger sind leichte, temperamentvolle und freundliche Kaltblutpferde.

mit korrekten Bewegungen. Kurzer Steckbrief:

▸ Stockmaß: 150 cm
   Farben: Vor allem Braune und Füchse
▸ Herkunft: Schweizer Jura
▸ als Kavalleriepferde, Zug- und Arbeitspferde, heute auch als Freizeitpferde zum Reiten und Fahren gezüchtet

Noriker

Im Gegensatz dazu sind die Noriker schwere Kaltblutpferde mit eher trägem Temperament. Für harte Arbeiten in der Landwirtschaft eingesetzt, verfügen sie über große Kräfte, sind gut im Umgang und gutmütig. Vor allem in ländlichen Gegenden werden sie auch geritten. Wer je ein Springturnier mit Norikern erlebt hat, fühlt die Erde noch unter sich zittern! Kurzer Steckbrief:

▸ Stockmaß: 155–160 cm
▸ Farben: Braune, Füchse und Tigerscheckung
▸ Herkunft: Ursprünglich aus der römischen Provinz Noricum, heute meist aus Österreich und Süddeutschland
▸ als Zug- und Arbeitspferde und als Freizeitpferde gezüchtet

Schwarzwälder Fuchs

Eng verwandt mit dem Noriker, aber viel kleiner und leichter gebaut, sind die Schwarzwälder Füchse. Die eifrigen, intelligenten und genügsamen Pferde sind sehr trittsicher, ihre Bewegungen flott und energisch. Ihre Umgänglichkeit und praktische

Noriker sind schwere, gutmütige und sehr starke Kaltblutpferde.

Trittsicher, intelligent und genügsames leichtes Kaltblutpferd – der Schwarzwälder Fuchs.

Größe machen sie zu liebenswerten Freizeitpferden für die ganze Familie. Kurzer Steckbrief:

▸ Stockmaß: 150–155 cm
▸ Farben: nur Füchse (meist dunkel) mit heller Mähne und hellem Schweif
▸ Herkunft: Schwarzwald
▸ als Zug- und Arbeitspferde, oft im Tourismus, und oft als Freizeitpferde eingesetzt

Friese

Schwer und trotzdem für die klassische Dressur begabt sind die Friesen. Schon im Barockzeitalter zeigten sie

Die Friesen sind dressurbegabte schwere Barockpferde mit starkem Kötenbehang.

ihre Kunst auch als Gespannpferde vor eleganten Wagen. Sie tragen Hals und Kopf hoch. Vom Fesselkopf abwärts sind sie stark behaart, um die Fesselbeuge zu schützen. Das nennt man »Kötenbehang«. Sie sind immer Rappen, Mähne und Schweif sind voll und meist wellig. Kurzer Steckbrief:

▸ Stockmaß: ungefähr 160 cm
▸ Farben: nur Rappen
▸ Herkunft: Dänemark, Deutschland, Holland – entlang der Nordsee
▸ Sehr beliebt bei anspruchsvollen Reitern und Fahrern

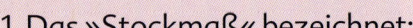

Weißt du's? Teste dein Wissen

1 Das »Stockmaß« bezeichnet:
    a) Die Höhe des Pferdes vom Huf bis zu Ohren.
    b) Wie lang das Pferd ist.
    c) Die Höhe des Pferdes bis zum Widerrist.

2 Kleinpferde sind:
    a) Alle Pferde unter 1,48 Meter Stockmaß.
    b) Junge Pferde bis 2 Jahre.
    c) Alle Pferde, die von Kindern bis 14 Jahre geritten werden.

3 Vollblüter sind:
    a) Pferde mit besonders heißem Blut.
    b) Pferde, die in ihrer vollen Blüte stehen.
    c) Eine besonders edle Pferdezucht.

4 Gangpferde sind:
    a) Pferde, die nur Schritt gehen können.
    b) Pferde, die einen »vierten Gang« haben.
    c) Kutschpferde.

Richtige Lösungen: 1c, 2a, 3c, 4b

Wo ist der Ellbogen
beim Pferd?

4 Wo ist der Ellbogen beim Pferd?

Weißt du, wo beim Pferd der Ellenbogen ist? Jedenfalls nicht dort, wo die meisten glauben, sondern höher. Wir fallen nämlich leicht in Versuchung, von unserem Körperbau auf den der Pferde zu schließen. Deshalb wird das Vorderfußwurzelgelenk oft für den Ellbogen gehalten. Das Knie ist auch ein gutes Beispiel. Meinst du, das Knie ist in der Mitte des Hinterbeins? Nein, das ist das Sprunggelenk. Wo findest du also Ellbogen und Knie? Wie heißen die anderen Körperteile des Pferdes? Die wichtigsten Punkte solltest du kennen, um zum Beispiel beschreiben zu können, wo dein Pferd sich verletzt hat.

Kleine Knochenkunde

Die einzelnen Körperteile

Hier siehst du das Foto eines Pferdes und die Bezeichnungen der Körperteile. Sie sind bei allen Pferden gleich, vom Mini-Shetty bis zum Noriker. Schau sie dir genau an und versuche, sie dir einzuprägen. Du kannst das Buch auch mitnehmen, wenn du wieder zu deinem Pferd gehst, dann kannst du die Bestimmung der Körperteile üben. Einiges wirst du ja schon kennen.

Die Knochen

Das Knochengerüst der Pferde besteht aus über 200 Einzelknochen, die zum größten Teil durch Gelenke miteinander verbunden sind. Die musst du natürlich nicht alle kennen. Aber die grobe Einteilung des Pferdekörpers sollte dir bekannt sein. Der Körper ist so gebaut, dass die empfindlichen Teile möglichst geschützt sind und die Fortbewegung rasch und Kräfte sparend möglich ist.

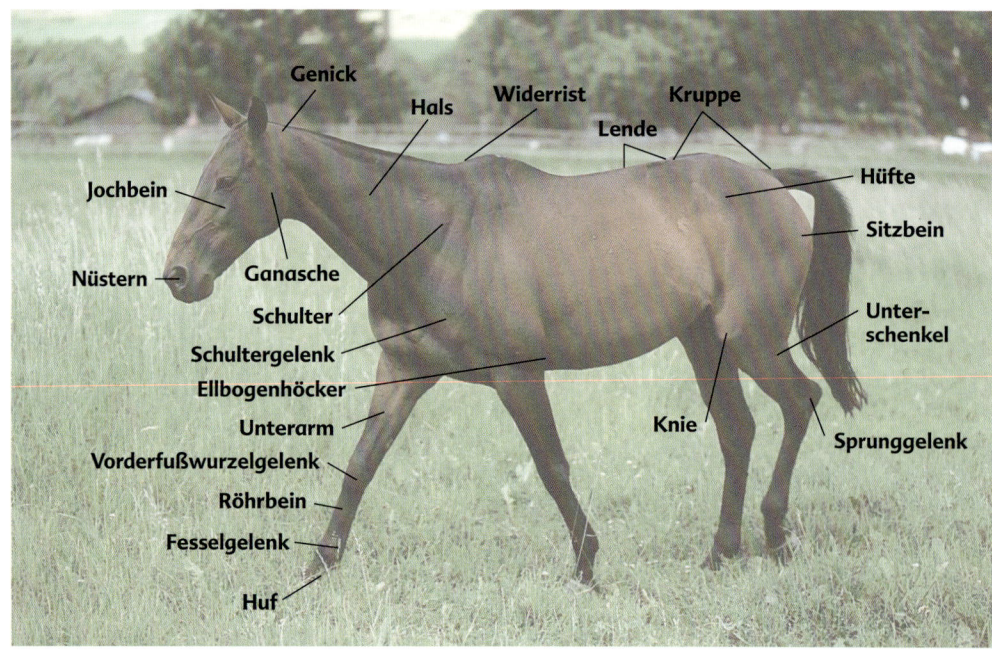

Deshalb besteht der Schädel aus vorwiegend platten Knochen, um das Gehirn mit seinen wichtigen Zentren zu schützen.

Die Wirbelsäule

Die Wirbelsäule ist die Brücke zwischen dem vorderen und hinteren Teil des Pferdes. Sie besteht aus 7 Halswirbeln, 18 Brustwirbeln, 6 Lendenwirbeln und 5 fest miteinander verbundenen Kreuzbeinwirbeln. Dazu kommen noch 15–21 Schwanzwirbel.

An der Brustwirbelsäule sind 18 Rippen befestigt: von denen die ersten 8 Rippen unten mit dem Brustbein verbunden sind. Diese nennt man Tragrippen. Die anderen 10 Rippen sind oben nur durch Sehnen mit der Brustwirbelsäule verbunden. Sie helfen bei der Atmungsbewegung mit. Deshalb heißen sie Atmungsrippen. Der gewaltige Brustkorb schützt Herz, Lunge und Leber.

Vorhand zur Stoßdämpfung

Die Vorhand reicht vom Schulterblatt bis zur Zehe. Das Schulterblatt ist nur durch Muskeln und Sehnen mit dem Rumpf verbunden, um beim Auffußen möglichst optimal abfedern zu können. Eine Knochen-Verbindung wie es bei uns Menschen das Schlüsselbein ist, würde die Stoßdämpfung des Vierbeiners nur stören. Auch die Zehe, die sich aus den drei Gelenken des Fesselbeins, Kronbeins und Hufbeins zusammensetzt, dient der optimalen Stoßdämpfung. Verglichen mit unserer menschlichen Hand ist unser Handgelenk das Vorderfußwurzelgelenk beim Pferd. Die Vorhand dient dazu, die Bewegung aufzunehmen und abzufedern.

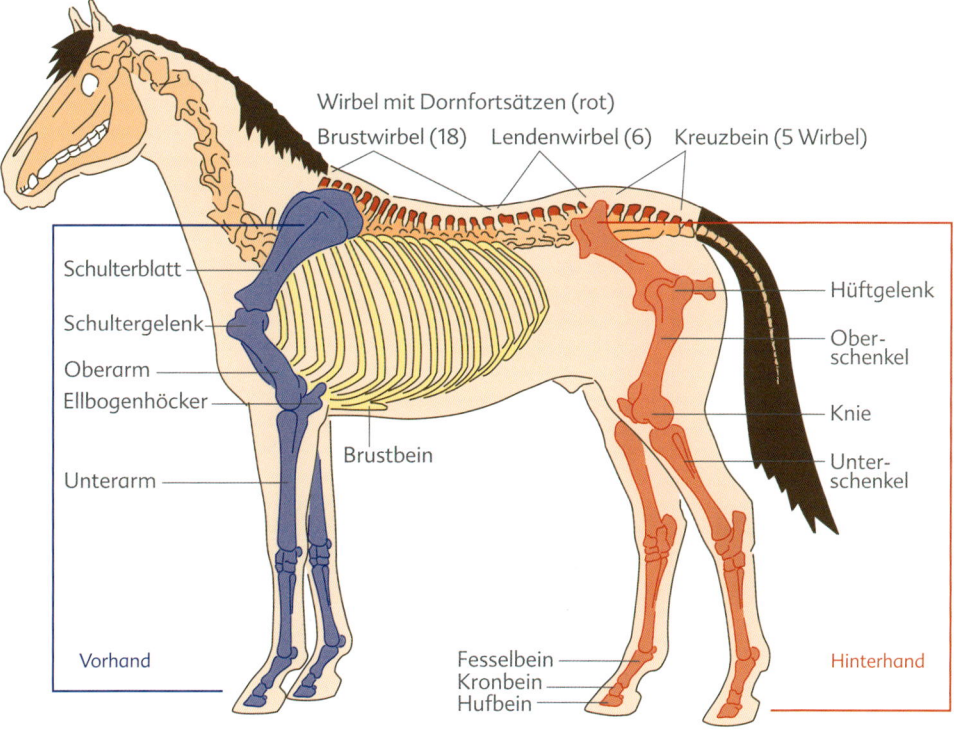

Wirbel mit Dornfortsätzen (rot)
Brustwirbel (18) Lendenwirbel (6) Kreuzbein (5 Wirbel)

Schulterblatt
Schultergelenk
Oberarm
Ellbogenhöcker
Unterarm
Brustbein
Vorhand

Hüftgelenk
Oberschenkel
Knie
Unterschenkel
Hinterhand

Fesselbein
Kronbein
Hufbein

Hinterhand für Schub und Schwung

Die Hinterhand dagegen ist für Schub und Schwung gebaut. Die Oberschenkel haben über das Hüftgelenk und das Hüftbein eine feste Verbindung zum stabilen Kreuzbein. Diese Verbindung nennt man Beckengürtel. Der Oberschenkel ist der stärkste Knochen im ganzen Skelett und er wird von extrem leistungsfähigen Muskeln unterstützt.

Durch die Art der Konstruktion von Hüftgelenk, Knie und Sprunggelenk kann das Pferd in der Bewegung Schwung aufbauen und seine Schritte kraftvoll (und auch schnell) von hinten verlängern. Die Zehengelenke sind ganz ähnlich wie die der Vorhand gebaut.

Widerrist und Stockmaß

Der Widerrist ist die höchste Stelle der Wirbelsäule oberhalb des Schulterblatts. An diesem Punkt wird das Stockmaß bestimmt, mit dem man die Größe eines Pferdes angibt.

Wenn du wissen willst, wie groß dein Pferd ist, dann nimmst du eine Latte und stellst sie neben der Schulter des Pferdes senkrecht auf. Achte darauf, dass die Latte wirklich gerade auf dem Boden aufgesetzt ist. Dann legst du auf der höchsten Stelle des Widerrists eine Gerte quer auf. Nun markierst du an der Latte den Punkt, wo die quer liegende Gerte auf den Stock trifft. Jetzt musst du nur noch die Länge der Latte vom Boden bis zur Markierung messen, dann kennst du das Stockmaß deines Pferdes.

KURZ GESAGT

Kleine Knochenkunde:
- Das Pferd hat über 200 Knochen, die meist durch Gelenke verbunden sind.
- Die Vorhand federt die Bewegung, die von hinten kommt, ab.
- Die Hinterhand sorgt für Schub und Schwung nach vorne.
- Mit dem Stockmaß gibt man die Größe eines Pferdes an.

Stelle eine Latte senkrecht neben den Widerrist.

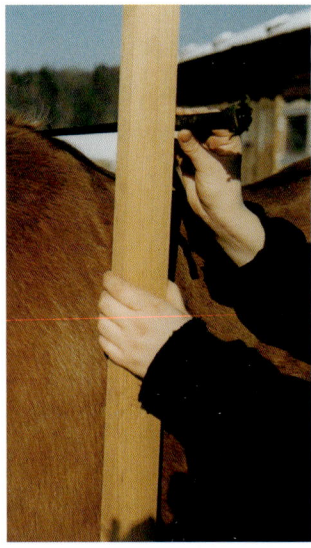

Lege eine Gerte quer auf die höchste Stelle des Widerrists.

Nun messe den Abstand vom Boden bis zur Stelle, wo sich Latte und Gerte treffen.

Muskeln, Sehnen und Gelenke

Muskeln

Alle Knochen und Gelenke sind durch Muskeln und Sehnen miteinander verbunden. Muskeln reagieren sehr rasch bei falscher Belastung. Sie müssen beim Pferd – wie auch beim Menschen – für die Arbeit aufgewärmt sein, sonst verspannen sie sich. Bei ganz schlimmen Verspannungen fängt das Pferd an zu lahmen. Deshalb musst du die Muskeln deines Pferdes langsam aufbauen. Muskeln sind sehr elastisch und du kannst sie durch sinnvolle Arbeit gut trainieren.

Sehnen

Anders ist es mit den Sehnen. Die wichtigsten Sehnen befinden sich unterhalb des Vorderfußwurzelgelenks

und des Sprunggelenks. Dort gehen nämlich die meisten Muskeln in Sehnen über. Sie sind nicht so elastisch wie die Muskeln und sie lassen sich nur sehr langsam aufbauen. Aber gerade sie sind es, die das ganze Pferdegewicht beim Aufkommen der Beine auf dem Boden aushalten müssen. Das heißt, sie müssen besonders sorgfältig trainiert werden.

Gelenke

Die Gelenke sind von Knorpeln und einer zähen Flüssigkeit umgeben, damit die Gelenkknochen nicht aneinander reiben. Diese Flüssigkeit wird daher auch Gelenkschmiere genannt. Sie ist ziemlich dick und unbeweglich, wenn das Pferd längere Zeit steht. Bei Bewegung wird sie lang-

Du und dein Pferd

Plötzliche harte Arbeit ohne die entsprechende Vorbereitung richtet vor allem an den Sehnen und Gelenken langfristigen Schaden an. Wildes Umherjagen der Pferde, weil sie »nicht genug Bewegung« hatten, ist pures Gift. Die Schäden treten aber meist erst im Laufe der Zeit auf. Vor allem bei älteren Pferden haben Sehnenprobleme ihre Ursache in den Fehlern, die vor langer Zeit durch mangelndes Aufwärmen und falsches Training gemacht wurden. Auf Seite 101 findest du Informationen zum sinnvollen Aufbau einer Reitstunde, in der diese Gefahren berücksichtigt sind. So kannst du viel für die Gesundheit deines Pferdes tun.

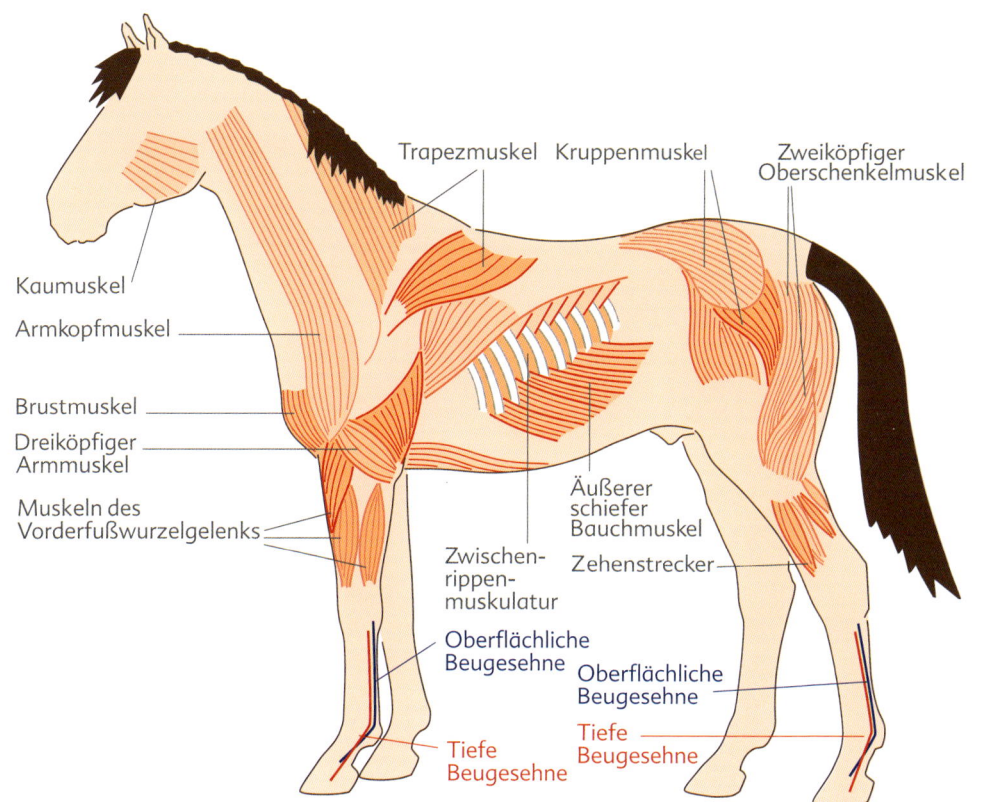

Trapezmuskel Kruppenmuskel Zweiköpfiger Oberschenkelmuskel

Kaumuskel

Armkopfmuskel

Brustmuskel

Dreiköpfiger Armmuskel

Muskeln des Vorderfußwurzelgelenks

Zwischenrippenmuskulatur

Äußerer schiefer Bauchmuskel

Zehenstrecker

Oberflächliche Beugesehne

Oberflächliche Beugesehne

Tiefe Beugesehne

Tiefe Beugesehne

KURZ GESAGT

Muskeln, Sehnen, Gelenke:

▶ Knochen und Gelenke sind durch Muskeln und Sehnen verbunden.

▶ Muskeln lassen sich schnell, Sehnen lassen sich langsamer trainieren.

▶ Die Gelenkschmiere braucht zirka 20 Minuten, um sich zu verteilen.

sam dünnflüssiger. Erst dann kann sie ihre Aufgabe übernehmen, die Gelenkknochen und Knorpel zu »schmieren« und damit zu schützen. Durch Untersuchungen ist herausgekommen, dass die Gelenkschmiere erst 20 Minuten nach Beginn der Bewegung dünnflüssig genug ist, um alle Teile innerhalb des Gelenks zu erreichen. Das heißt, auch für die Gelenke ist es sehr wichtig, dass du genügend lange Schritt gehst, bevor du antrabst oder angaloppierst.

Weißt du's? Teste dein Wissen

1 Welche Aussage trifft für das Knochengerüst zu?

   a) Die Vorhand ist fest mit der Wirbelsäule verbunden.

   b) Der Brustkorb schützt wichtige Organe.

   c) Die Vorhand schiebt und die Hinterhand fängt die Bewegung auf.

2 Was weißt du über Muskeln und Sehnen?

   a) Die Muskeln müssen nicht aufgebaut werden.

   b) Die Sehnen sind sehr elastisch.

   c) Die Sehnen müssen langsam trainiert werden.

3 Welche Antwort ist für den Begriff Gelenkschmiere richtig?

   a) Die Flüssigkeit in den Gelenken ist davon abhängig, wie viel das Pferd trinkt.

   b) Die Gelenkschmiere verteilt sich nur langsam im Gelenk.

   c) Die Gelenkschmiere ist eigentlich nicht notwendig.

Richtig: 1b, 2c, 3b

Die Wohnung
der Vierbeiner

5 Die Wohnung der Vierbeiner

Eine große Rolle für das Wohlbefinden der Pferde spielt ihre Behausung. Dabei ist gute Luft und genügend Platz für Bewegung für sie am wichtigsten. Du wirst selbst vielleicht schon einige Ställe gesehen haben. Pferde können ganz unterschiedlich untergebracht sein. Im folgenden Kapitel sollen einige Möglichkeiten dafür vorgestellt und auch die Vor- und Nachteile besprochen werden. Die Liste ist natürlich nicht vollständig. Du wirst auch Kombinationen erleben, die anders sind. Ich will dir aber mit diesem Kapitel die notwendigen Informationen liefern, damit du beurteilen kannst, ob die Art der Unterbringung für die Bedürfnisse des Pferdes geeignet ist.

Ein-Zimmer-Appartment

Die Pferde-Box im Stall

In den meisten Fällen stehen Pferde jeweils einzeln in einer Box. Sie haben dort ihr eigenes Wasser und ihren eigenen Futtertrog. In vielen Ställen sind die Boxen leider vergittert. Besser sind Boxen, die die Pferde durch eine Wand trennen, die oben jedoch offen sind. Die Nachbarn können einander berühren, Fellpflege betreiben und auch einmal schmusen.

Wenn die Nachbarn sich noch nicht kennen, wird erst einmal das Verhältnis zueinander geklärt. Gelegentlich finden auch eifersüchtige Beißereien statt und die Pferde schlagen aus. Manchmal ist es besser, diese Pferde dann nicht nebeneinander stehen zu lassen, denn das Ausschlagen in der Box schadet den Pferdebeinen.

Boxengrößen

Wenn Pferde in Boxen gehalten werden, sollten sie möglichst täglich einige Stunden auf der Weide oder wenigstens einem Paddock mit anderen Pferden verbringen dürfen. Sie sind, wie du ja schon weißt, Herdentiere und Lauftiere. Wichtig ist, dass die Box groß genug ist. Man rechnet mindestens 11 bis 12 Quadratmeter für ein ausgewachsenes Pferd und 8 Quadratmeter für ein Pony. Außerdem sollte die Box hell genug sein.

Schön ist, wenn die Nachbarn trotz Box Kontakt aufnehmen können.

Pferde, die zu lange in der Box stehen müssen, haben oft Verspannungen, sind schwer zu führen oder buckeln gar unter dem Reiter.

Frischluft-Box

Wunderbar ist es natürlich, wenn die Wohnung deines Pferdes ein offenes Fenster hat, wo es hinausschauen kann. Es bekommt genügend frische Luft und das ist gut für Nase und Lunge. Denn die Box ist ja auch gleichzeitig die Toilette des Pferdes. Damit schwirren jede Menge Bakterien herum, die der Lunge schaden. Daher ist frische Luft ganz wichtig.

Außerdem kann das Pferd Geräusche, die von draußen kommen, mit dem verbinden, was es sieht. Es wird den gefährlichen Traktor ertragen lernen, Hundegebell, oder das Gänsegeplapper. So hat es viel mehr Eindrücke, als wenn es nur auf die Stallgasse blickt.

»Herrlich diese Aussicht!« Eine Frischluft-Box sorgt für gute Luft und einen abwechslungsreichen Ausblick.

Bei einer Box mit Paddock können die Pferde selbstständig rein- und rausgehen.

Box mit Paddock

Wer besonders viel Glück hat, erwischt eine Box mit anschließendem Paddock. Es gibt Einzel- oder auch Gemeinschaftspaddocks. Das Pferd kann sich bewegen und Kontakt zu den anderen aufnehmen. Weil diese Art der Unterbringung mehr Platz braucht, ist sie meist auch teurer.

KURZ GESAGT

Ein-Zimmer-Appartment:
- Eine Pferdebox sollte mindestens 11–12 Quadratmeter groß sein. Sie sollte Kontakt zu anderen Pferden ermöglichen.
- Eine Frischluftbox ist gut für Nase und Lunge.
- Bei einer Frischluftbox gewöhnen sich Pferde an alles, was rundherum geschieht.
- Sie haben mehr Abwechslung.
- Bei einer Box mit Paddock haben Pferde den größten Bewegungsfreiraum.

Sich eine Wohnung mit anderen teilen

Du und dein Pferd

Bei allen Pferden im Offen- oder Gruppenstall müssen die Hufe regelmäßig kontrolliert werden. Auch bei den Pferden, die nicht geritten werden. In der Nässe und im Matsch droht Mauke (Seite 133). Wenn sie erst einmal entstanden ist, ist sie oft nur schwer in den Griff zu bekommen. Außerdem muss immer wieder kontrolliert werden, ob die Pferde Verletzungen haben oder krank sind.

Gruppenstall

Pferde, die im Gruppenstall leben, werden meist früh morgens auf die Weide gelassen und gegen Abend wieder in den Stall geschickt. Gefüttert wird in der Regel im Stall. Damit kein Pferd das Futter des anderen wegfrisst, werden die Pferde zum Fressen angehängt oder in eigene Futterboxen gebracht.

Gruppenstallhaltung ermöglicht es, Kontakte zu knüpfen und sorgt für ausreichend Bewegung.

Offenstall: So ein Sonnen-Regen-Dach ist ideal. Alles ist da: Gras, Heu und Wasser.

Wenn das Wetter nicht mitspielt, sollen die Pferde nach einer gewissen Zeit im Freien in den Stall zurück gebracht werden. Kein Pferd liebt es, stundenlang im kalten Regen zu verbringen, denn auch Pferde können sich erkälten.

Im Winter kommt es sehr auf die Felldichte an, wie viel Kälte von den Pferden vertragen wird. Ein Pferd, das das ganze Jahr im Gruppenstall verbringt, entwickelt sicher ein vernünftiges Winterfell. Die Dichte ist rassebedingt unterschiedlich. Ein Isländer zum Beispiel hat mehr Veranlagung zu dichtem Fell als ein Araber.

Offenstall

Ein Offenstall ist meist eine Art Holzhütte, die auf einer Seite offen ist. Die Pferde können selbst entscheiden, ob sie drinnen oder draußen sein wollen. Ein Offenstall kann auch nur ein überdachter Futterstand sein. Diese Art der Haltung hat den Vorteil, dass die Pferde jede Menge Frischluft haben. Wichtig ist, dass genug Platz in den Hütten ist, damit nicht dominante Pferde den rangniedrigeren den Zugang verweigern.

Fütterung

Das Futter besteht im Sommer meist nur aus dem Gras von der Weide, im Herbst, Winter und Frühjahr aus Heu. Hier empfiehlt sich eine Konstruktion, bei der das Heu in der Mitte liegt und der kreisförmige Zugang dazu mit Trennstäben versehen ist, damit sich die Pferde nicht gegenseitig stören. Pferden, die du reitest, musst du Kraftfutter zufüttern. Wichtig ist auch, dass die Pferde stets genügend frisches Wasser zur Verfügung haben.

Offenstall: nicht für jedes Pferd!

Weil im Offenstall Pferde Tag und Nacht im Freien sind, eignet sich diese Haltung nur für robuste Pferde, die das auch aushalten. Im Sommer mag es wunderschön sein, den Tag in der Hütte zu verbringen und die Nacht fressend auf der Wiese. Im Winter dagegen auf eiskaltem, möglicherweise gefrorenem Boden zu liegen, ist für die meisten Pferde kein Vergnügen und muss gut bedacht sein: Ist das Pferd an Kälte gewöhnt? Hat es genug Winterfell? Frisst es ausreichend? Auf jeden Fall sollte eine dicke Strohschicht zum Schutz vor Kälte den Boden bedecken. Außerdem empfiehlt sich ein Vorhang vor dem Eingang, durch den das Pferd leicht ein- und ausgehen kann.

Plastikbänder schützen den Stall vor Hitze und Fliegen.

KURZ GESAGT

Gruppenhaltung mit Auslauf:
- ist für Pferde abwechslungsreicher als alleine in der Box zu stehen,
- bietet ausreichend frische Luft und Bewegung,
- eignet sich nur für robuste Pferde mit ausreichend dickem Fell.

Welche Wohnung ist die passende?

Pferd und Finanzen entscheiden

Fragst du dich jetzt, welches denn nun die beste Wohnung für ein Pferd ist? Das kann man nicht für alle gleich beantworten. Es kommt darauf an, welches Pferd es ist, was es arbeitet und wie alt es ist. Entscheidend ist auch, welche finanziellen Möglichkeiten bestehen. Im Folgenden findest du einige Tipps, was du bei der Unterbringung bedenken solltest.

Freizeitpferd und Turnierpferd

Für Freizeitpferde und Turnierpferde, die täglich geritten werden, ist die Stallhaltung wahrscheinlich am besten. Wichtig ist dabei aber, dass sich die Pferde regelmäßig auf der Koppel oder im Auslauf frei bewegen und Kontakt zu ihren Artgenossen aufnehmen können. Dann werden sie ausgeglichen sein und dir bei der Arbeit Freude machen. Ein Freizeit-

KURZ GESAGT

Welche Wohnung ist die richtige?

▶ Nicht alle Pferde haben die gleichen Bedürfnisse.
▶ Die beste Haltung muss immer auf das Pferd abgestimmt werden.
▶ Die Art der Haltung sollte auch praktische Gesichtspunkte einbeziehen.
▶ Die Finanzen müssen passen!

pferd kannst du auch innerhalb einer Gruppe unterbringen. Voraussetzung ist, dass dein Pferd in die Gruppe hineinpasst.

Robustpferde

Die sogenannten Robustpferde, das sind zum Beispiel Isländer, Haflinger und die meisten Ponys, sind anspruchsloser. Es kommt allerdings auch darauf an, wie sie bisher gehalten wurden und was du mit ihnen

machst. In den meisten Fällen eignet sich für diese Tiere die Gruppenhaltung und manchmal auch die Haltung im Offenstall. Hier ist wie gesagt die Felldichte entscheidend.

Offenstall-Ponys stehen oder liegen meist und entwickeln ein dichtes Fell.

Weißt du's? Teste dein Wissen

1 Ein-Zimmer-Apartment:
    a) Die Box sollte möglichst viele Verzierungen haben.
    b) Vier feste Gitter rundherum sind optimal.
    c) Die Pferde sollten trotz Box Kontakt zueinander aufnehmen können.

2 Welche Aussage trifft auf die Frischluft-Box zu?
    a) Zu viel frische Luft schadet.
    b) Die frische Luft ist gut für die Lungen.
    c) Pferde mögen nicht aus dem Fenster schauen.

3 Welche Antwort kennzeichnet den Gruppenstall?
    a) Bestimmte Pferde ziehen es vor, zu mehreren im Stall zu leben.
    b) Pferde passen grundsätzlich alle zueinander.
    c) Haltung im Gruppenstall ersetzt den Weidegang.

4 Offenstall: Was ist richtig?
    a) Pferde im Offenstall braucht man nur ein Mal pro Woche zu besuchen.
    b) Sie versorgen sich selbst und trinken Regenwasser.
    c) Der Gesundheitszustand der Pferde muss täglich kontrolliert werden.

Richtig: 1 c, 2b, 3a, 4c

6 Der richtige Speisezettel

Die Hauptbeschäftigung der Pferde ist das Fressen. Beobachtest du sie zum Beispiel auf der Weide, dann siehst du, wie sie unermüdlich den ganzen Tag das Gras abzupfen. Sie fressen über viele Stunden des Tages kleine Mengen, die langsam verdaut werden. 40 bis 60 Stunden dauert die Reise des Futters durch den Körper, bis es dann in Form von Pferdeäpfeln den Körper wieder verlässt. Das passiert übrigens fünf- bis zwölfmal innerhalb von 24 Stunden.

Die Verdauung wird unterstützt durch die ständige Bewegung beim Fressen. Die Futtermenge richtet sich damit auch nach der Bewegung, die ein Pferd hat und nach der Arbeit, die es verrichtet. Mehr zur Futtermenge und zur richtigen Mischung kannst du auf Seite 126 nachlesen.

Der Magen will Beschäftigung: Saft- und Raufutter

Frisches Gras

Als ursprüngliche Steppentiere fraßen Pferde rohfaserreiches und energiearmes Steppengras und mussten bei der Futtersuche große Entfernungen zurücklegen. Unsere Weiden sind dagegen häufig dicht mit Gras bewachsen. Außerdem sind sie meist nicht sehr groß, das heißt, die Bewegung unterstützt die Verdauung nicht mehr so wie früher.

Je nach Jahreszeit kann im saftigen Gras einer schönen Weide zu viel Eiweiß sein. Dies kann zu gefährlichen Koliken führen. Besonders im Frühjahr, wenn das Gras jung und frisch ist, muss sich dein Pferd erst ganz langsam und über einen längeren Zeitraum an das Gras gewöhnen.

Geschnittenes Gras

Geschnittenes Gras kann einen Eiweißüberschuss haben und muss gleich verfüttert werden. Es darf allerdings nicht zu kurz geschnitten sein (nicht mit dem Rasenmäher!), weil die Pferde dann nicht genügend kauen. Das kann zu einer gefährliche Kolik führen.

Grassilage

Grassilage und das so genannte Halbheu werden in luftdichten Ballen gelagert. Sie müssen, sobald der Ballen einmal geöffnet ist, rasch verfüttert

So eine tolle Wiese wünscht sich wohl jedes Pferd.

So sollte der Silage-Ballen besser nicht geöffnet werden!

werden, da sie sehr schimmelanfällig sind. Außerdem besteht praktisch immer die Gefahr, dass sich Clostridien entwickeln. Clostridien sind die Erreger der gefürchteten Botulismus-Krankheit. Das wäre für Pferde lebensgefährlich. Grassilage sollte nur von Personen verfüttert werden, die sich gut damit auskennen und am Geruch und am Aussehen die Qualität des Futters erkennen.

Getrocknete Rübenschnitzel

Getrocknete Rübenschnitzel müssen unbedingt ausreichend und lange genug eingeweicht und ebenfalls rasch verfüttert werden. Bis zu 500 Gramm können pro Tag verfüttert werden, wenn das Pferd mit etwas angefüttert werden soll, das wenig Energie enthält.

Heu

Das wichtigste Pferdefutter ist Heu. Gutes, blattreiches Heu ist sehr leicht verdaulich und liefert dem Pferd Energie, die lange Zeit zur Verfügung steht. Weil es aber ein guter Energielieferant ist, muss man aufpassen,

Geschnittenes Gras darf nicht zu kurz sein und sollte gleich verfüttert werden.

denn Heu kann auch dick machen. Pro Tag sollte ungefähr eine Heumenge von 1,2 bis 1,5 Prozent des Pferdegewichts gefüttert werden. Das sind bei einem Pferdegewicht von 500 kg täglich 6 bis 7,5 kg Heu.

Bei Pferden, die gegen Heustaub allergisch sind: Heu ausgiebig nass machen.

Mein Tipp für dich

Heu ist nicht nur ein guter Energielieferant. Es beruhigt auch die Nerven und sorgt dafür, dass dein Pferd ausreichend Wasser trinkt. Heu soll unbedingt vor dem Kraftfutter angeboten werden, weil durch das intensive Kauen schon viel Speichel produziert wird, der bei der Verdauung hilft. Bei Pferden, die gegen Staub allergisch sind, machst du das Heu vor dem Füttern nass. Dadurch werden Staubpartikelchen gebunden, die oft zu allergischen Reaktionen führen.

Wenn dein Pferd aber Gras auf der Weide frisst, musst du natürlich die Heumenge reduzieren. Als Faustregel gilt: Pro Stunde Weidedauer $^1/_2$ kg weniger Heu füttern.

Stroh

Stroh ist wesentlich schwerer verdaulich. Es enthält weniger Nährstoffe und nur kurzfristig verfügbare Energie. Außerdem ist die Gefahr, dass schlecht verdautes Stroh den Darm verstopft, größer als bei Heu.

Die genügsamen Ponys bedienen sich am Stroh.

Für den großen Hunger: Kraftfutter

Im Futtertrog

Als Kraftfutter kann all das bezeichnet werden, was in den Futtertrog geschüttet wird: Hafer, Gerste, Mais, Müsli, gepresstes und pelletiertes Futter (Pellets) und noch vieles mehr wird angeboten. In den verschiedenen Reitställen gibt es unterschiedliche Vorlieben. Am einfachsten zu handhaben und auch am häufigsten anzutreffen ist die Verfütterung von Pellets. Aber gerade Pellets sind auch sehr umstritten, weil man nicht so genau weiß, was wirklich drin steckt.

Hafer

Am besten verdaulich ist Hafer. Er hat die hochwertigsten Eiweißbausteine. Das ist die Voraussetzung, damit das Pferd Leistung bringen kann. Ob der Hafer ganz oder gequetscht angeboten wird, ist nicht entscheidend. Wenn er aber gequetscht wird, dann sollte er frisch verfüttert wer-

Frisch gequetschter oder ganzer Hafer sind das gesündeste Pferdefutter.

den, weil er sonst schimmeln kann. Von gequetschtem Hafer in Säcken, die man fertig kaufen kann, ist eher abzuraten, weil die wertvollen Vitalstoffe durch Methoden zur Haltbarmachung zerstört werden.

Gerste, Mais, Roggen

Gerste, Mais und Roggen sind schwer verdaulich und müssen zumindest geschrotet oder vorerhitzt werden. Sie haben eine schlechtere

Eiweißqualität. Wenn sie verfüttert werden, muss unbedingt genügend Heu dazu gegeben werden, um eine ausreichende Verdauung zu gewährleisten.

Müsli

Frisch zubereitete Müslis sind zu bevorzugen, weil bei Fertigmüslis die Vitalstoffe (lebenswichtige Nährstoffe) durch die Haltbarmachung zum Teil zerstört sein können. Fertigmüslis werden in den unterschiedlichsten Zusammenstellungen angeboten. Fast immer sind sie mit Melasse angereichert. Melasse stammt aus der Zuckerrübe und bindet den Mehlstaub. Es hat sich aber herausgestellt, dass viele Pferde gegen Melasse allergisch sind.

Müsli, wie man es fertig kaufen kann.

Pellets

Pellets sind ein Thema, über das die Meinungen auseinander gehen. Der Grund liegt darin, dass man nicht genau weiß, was die Pellets wirklich enthalten. Auch der Beipackzettel gibt darüber keinen Aufschluss. Da finden sich nur Bezeichnungen wie Rohprotein (Eiweiß), Rohfaser usw.,

die aber nichts darüber aussagen, um welche Nahrungsmittel es sich vor der Verarbeitung gehandelt hat. Natürlich gibt es unterschiedliche Qualitäten, aber alle Pellets leiden unter dem Verarbeitungs- und Haltbarmachungsprozess. Die Vitalstoffe, die dabei zerstört werden, müssen dann wieder hinzugefügt werden.

Gepresstes und pelletiertes Pferdefutter.

Zur Belohnung ein Leckerli?

Wenn dein Pferd einen ausgewogenen Speiseplan hat und es das bekommt, was es braucht, würden größere Mengen von Leckerlis nur stören. Ab und zu einmal ein Leckerli zu geben, wenn dein Pferd etwas besonders gut gelernt hat, ist in Ordnung, aber es sollte wirklich bei Ausnahmen bleiben. Karotten dagegen schaden nicht und schmecken gut. Mit Äpfeln solltest du sparsam umgehen, denn zu viele können zu Durchfall führen.

Für sauberes Wasser sorgen

Wasser braucht der Organismus als Kühlflüssigkeit, für den Stoffwechsel und für alle Lebensvorgänge. In den Boxen gibt es dafür Wasserspender,

Den Wasserspender täglich kontrollieren. So sollte er nicht aussehen.

aus denen Wasser kommt, wenn das Pferd mit seiner Nase eine Vorrichtung herunterdrückt. Es genügt auch einfach ein Eimer mit Wasser. Draußen gibt es Tränken, in denen immer genug Wasser sein sollte. Sie sollten natürlich sauber sein, denn aus einer Tränke, in der sich Pferdeäpfel befinden, trinkt kein Pferd mehr.

Ein verschwitztes Pferd mit der Trense tränken. Dann trinkt es langsamer.

Im Sommer brauchen Pferde mehr Wasser. Tränke aber ein verschwitztes Pferd nicht gleich, denn wenn es dann zu viel und zu schnell trinkt, kann das zu einer Kolik führen. Wenn du mit dem Tränken nicht warten kannst, dann lass deinem Pferd die Trense an, denn so kann es nur kleine Schlucke machen.

Trinkt dein Pferd genug?
Du kannst an der Haut deines Pferdes sehen, ob es genug trinkt. Wenn du eine Hautfalte hochziehst und sie wieder los lässt, soll sich die Falte schnell wieder zurückbilden. Geht diese Rückbildung nur langsam vor sich, dann fehlt Wasser.

Hautfaltentest: So überprüfst du, ob dein Pferd genügend trinkt.

Je mehr Heu dein Pferd bekommt, desto mehr Wasser wird es trinken. Das beste Verhältnis besteht bei der Heu-Hafer-Fütterung. Am wenigsten trinkt es bei der Stroh-Pellets-Fütterung.

Warmer Tee
In der kalten Jahreszeit trinkt dein Pferd auch gerne einen warmen Tee. Es gibt spezielle Rezepte, aber es kann auch einfacher Kamillen- oder Kräutertee sein, den du kaufen kannst. Pass auf, dass der Tee nicht zu heiß ist. Steck vorher einmal deinen Finger hinein und teste die Temperatur.

Warmen Tee trinkt dein Pferd in der kalten Jahreszeit besonders gern.

KURZ GESAGT
Kraftfutter:
▸ Hafer liefert die beste Energie für die Muskeln.
▸ Gerste, Mais Roggen müssen wenigstens geschrotet werden.
▸ Müsli ist am besten, wenn es frisch zubereitet wird.
▸ Zu viele Leckerlis stören den Speiseplan.
▸ Karotten und Äpfel sind gesünder.

Stimmt die Chemie: Mineralien, Vitamine, Spurenelemente?

Salzleckstein

Ein Salzleckstein muss in jeder Box sein. Keine Art der Ernährung liefert genug Salz, es muss also zugefüttert werden. Nimm einen ganz einfachen Salzleckstein (Natrium-Chlorid), der den Bedarf deines Pferdes am besten und preisgünstigsten deckt.

Salzleckstein und Wasser auf der Weide – hoffentlich ist kein Strom auf dem Zaun.

Mineralien

Auch andere Mineralien müssen zugefüttert werden. Art und Menge hängen von der Grundfütterung ab. Wichtig zu wissen ist, dass Mineralien in einem bestimmten Verhältnis zueinander stehen müssen. Es genügt also nicht, einem unruhigen Pferd einfach Magnesium zuzufüttern, weil Magnesium beruhigend wirkt. Vielleicht hat das Pferd gar keinen Magnesiummangel, sondern ihm fehlt nur der notwendige Stoff, um das Magnesium verwerten zu können. Eine genaue Überprüfung der Ernährung im Verhältnis zum Pferdegewicht und zur Leistung gibt Aufschluss über das, was fehlt.

Du und dein Pferd

Eine angemessene und ausgewogene Ernährung ist wichtig, damit dein Pferd gesund bleibt. Der Knochen- und Sehnenaufbau und der ganze Muskelstoffwechsel hängen von der richtigen Ernährung ab. Eine falsche Ernährung führt zu Schäden, die sich langsam entwickeln. Wenn dein Pferd Probleme beim Reiten macht, dann denk daran, ob es an der Ernährung liegen kann und ob vielleicht Vitamine, Spurenelemente oder Mineralien fehlen.

Wohlbefinden und Leistungsvermögen hängen auch vom richtigen Zusatzfutter ab.

KURZ GESAGT

Mineralien, Vitamine, Spurenelemente:

▶ Ein Salzleckstein in der Box ist ein Muss.
▶ Mineralien und Vitamine nur zufüttern, wenn nötig.
▶ Erst muss festgestellt werden, was dein Pferd wirklich braucht.

Vitamine und Spurenelemente

Auch bei den Vitaminen und Spurenelementen muss die Menge auf die Fütterung und die Arbeit des Pferdes abgestimmt sein. Bei manchen Vitaminen (zum Beispiel Vitamin C) schadet eine Überdosierung nichts, denn was zuviel ist, wird einfach über den Urin ausgeschieden. Die Vitamine A, D, E, K können jedoch bei einer längerfristigen Überdosierung gefährliche Folgen haben. Bei den Spurenelementen ist es vor allem das Selen, das in Über- oder Unterdosierung schadet.

Weißt du's? Teste dein Wissen

1 Saft- und Raufutter: Was ist richtig?
   a) Viel fettes Gras im Frühjahr ist zu empfehlen.
   b) Rübenschnitzel kann man trocken geben.
   c) Genügend Heu ist ein guter Energielieferant.

2 Was weißt du über Kraftfutter?
   a) Hafer ist gut für die Muskeln.
   b) Mais ist ideales Pferdefutter.
   c) Bei Pellets weiß man genau, was drin ist.

3 Wozu braucht man Wasser?
   a) Wasser braucht man, um die Pferde zu waschen.
   b) Wasser wird im gesamten Organismus gebraucht.
   c) Verschwitzte Pferde brauchen schnell viel kaltes Wasser.

4 Mineralien und Vitamine:
   a) Ein Salzleckstein kann, muss aber nicht sein.
   b) Mineralien kann man nach Gutdünken zufüttern.
   c) Zu viel vom Falschen kann großen Schaden anrichten.

Richtig: 1c, 2a, 3b, 4c

Reiten lernen – aber wo?

7 Reiten lernen — aber wo?

Gehörst du vielleicht auch zu denen, die davon träumen, über Felder und Wiesen zu galoppieren und das Glück auf dem Rücken der Pferde zu spüren? Bevor dieser Traum aber Wirklichkeit wird, musst du das Reiten von Grund auf lernen. Dazu ist ein guter Unterricht in einem ebenso guten Reitbetrieb notwendig. Du fragst dich vielleicht, woran du einen guten Reitbetrieb erkennst? Wie du die Qualität der Ausbildung beurteilen kannst? Und vielleicht willst du prüfen, ob der Reitstall, der in deiner Nähe liegt und zu dem deine Freunde gehen, auch wirklich ein guter Reitstall ist? Das folgende Kapitel liefert dir einige Anhaltspunkte, mit denen du die Qualität eines Reitbetriebs beurteilen kannst.

Auf der Suche nach einem guten Reitbetrieb

Informationen einholen

Es gibt so viele Reitbetriebe, dass es unmöglich ist, sie hier alle zu nennen und zu beurteilen. Die »Deutsche Reiterliche Vereinigung FN« (Seite 141) hat eine Liste der Reitbetriebe, die von ihr alle zwei Jahre überprüft werden. Beim Fremdenverkehrsamt kannst du auch anfragen oder manche Reitgeschäfte haben auch eine Aufstellung von Reitbetrieben in der Gegend. Vielleicht kennst du auch Leute, die Pferde haben und die dir Empfehlungen geben können.

Reitplatz, Reithalle, Weiden und Gelände

Wenn du ankommst, erhältst du schon einen ersten Eindruck vom Betrieb. Wie riecht es im Stall? Sind die

Ein gutes Zeichen für einen Reitstall, wenn es einen Schlechtwetter-Paddock gibt.

54

Gute Reitlehrer erklären den Schülern, wie und warum sie etwas machen sollen.

Boxen groß genug, hell und sauber? Siehst du Pferde auf den Weiden? Sind überhaupt Weiden vorhanden? Oder stehen die Pferde bei schönstem Wetter alle in ihren Boxen? Dann solltest du fragen, warum das so ist. Ist es zu heiß oder gibt es einfach keinen Auslauf?

Wie ist der Boden in der Reithalle und auf dem Reitplatz? Ist er unregelmäßig tief und der Hufschlag wie ein Trampelpfad, dann ist er ungepflegt und schlecht zu bereiten. Der Boden muss immer wieder geebnet und die Ränder mit einer Schaufel ausgeglichen werden, um nicht zu weich und unregelmäßig zu werden. Ist er zu hart, dann schadet das den Pferdebeinen. Werden die Pferdeäpfel entfernt oder sind sie ein Teil des Untergrunds? In einem ordentlichen Reitbetrieb räumen die Reiter die Pferdeäpfel selbstständig weg, um den Boden sauber zu halten. Und schließlich: Wie ist das Gelände zum Ausreiten? Gibt es überhaupt ein Gelände, wo man reiten darf? Am besten ist eine Umgebung, in der keine Straßen zu überqueren sind.

Ausbildung der Schulpferde

Bekommen die Schulpferde unterschiedlich gute Reiter zugeteilt? Anfänger haben ihr Gleichgewicht auf dem Pferd oft noch nicht gefunden und die Pferde müssen hart arbeiten, um selbst im Gleichgewicht zu bleiben. Deshalb sollte ein braves Pferd, das sich wunderbar für Anfänger eignet, regelmäßig auch von guten Reitern geritten werden. Sonst vergisst es seine Lektionen und versteht nicht mehr, was der Reiter von ihm fordert.

Besonders Schulpferde müssen immer gut geritten werden, um Muskelprobleme zu vermeiden und auch, um sie bei Laune zu halten. Mit einem frustrierten und ausgelaugten Pferd lässt sich kein guter Unterricht machen.

Wie sieht die Sattelkammer aus? Katze bei der Sattelkontrolle.

Arbeitszeit der Schulpferde

Der Unterhalt eines Pferdes kostet nicht gerade wenig. Deshalb müssen Schulpferde oft sehr viele Stunden arbeiten, damit sie sich für den Reitbetrieb »lohnen«. Drei Stunden Arbeit pro Tag sollten allerdings die oberste Grenze sein. Gut ist, wenn mindestens eine Stunde davon im Gelände stattfindet. Wenn die Pferde öfter im Unterricht eingesetzt werden, dann spricht das nicht für die Qualität dieses Reitbetriebs.

Eine gute Kombination kann so aussehen, dass jedes Schulpferd eine halbe Beteiligung hat. Das heißt, die Pferde haben eine feste Bezugsperson, die das Pferd zum Beispiel an zwei Tagen in der Woche alleine reitet. Das senkt die Kosten für den Reitbetrieb und die Pferde brauchen nur an 5 Tagen in den Unterricht zu ge-

hen. Weidegang täglich für einige Stunden ist für Schulpferde, wie für alle Pferde, wichtig.

Charakter der Schulpferde

Pferde sind Fremden gegenüber oft zurückhaltend. Gehst du aber ruhig auf das Pferd zu und lässt dich beschnuppern, werden die meisten ganz freundlich. Wenn aber ein Pferd dann beißt oder ausschlägt, ist das ein Zeichen dafür, dass es nicht richtig gehalten wird. Vielleicht muss es zu viele Stunden am Tag arbeiten und hat keine Lust mehr. Oder es wird nur von Reitern geritten, die ihm wehtun. Bei solchen Pferden solltest du dir lieber einen anderen Reitbetrieb suchen, denn du kannst ihnen nicht helfen. Dein Geld dient dann nur dazu, diese schlechten Zustände weiter zu erhalten.

Sattelkammer

Wirf auch einen Blick in die Sattelkammer. Fliegt alles wild durcheinander und sind Sättel und Zaumzeuge schmutzig und ungepflegt? Dann liegt die Vermutung nahe, dass der Rest des Stalles auch eher vernachlässigt wird. Schau dir die Satteldecken der Schulpferde an: Kleben Schweiß und Dreck an ihnen oder sind sie sauber und gut gepflegt?

Sicher kannst du dir selbst ein Bild davon machen, ob es in so einer Sattelkammer ordentlich ist oder nicht. Es braucht natürlich nicht übertrieben sauber zu sein, aber eine gewisse Grundordnung sollte schon herrschen.

Zur Qualität des Reitunterrichts

Anzahl der Schüler

Versuche mit den Reitschülern, die du auf dem Hof triffst, ins Gespräch zu kommen. Lasse dir von möglichst vielen ihre Erfahrungen berichten. Beobachte, wie sie mit den Pferden umgehen und ob sie aufeinander Rücksicht nehmen.

Wie viele Schüler sind im Unterricht? Sechs Schüler sind für den Lehrer noch zu übersehen, zehn oder zwölf nicht mehr. Wenn die Gruppe zu groß ist, dann kann der Reitlehrer auch auf dich weniger achten und du lernst nicht so viel.

Prüfe, ob der Boden eben und frei von Pferdemist ist.

Der Reitlehrer

Der Reitlehrer oder die Reitlehrerin ist das Bindeglied zwischen Reiter und Pferd. Er oder sie hat eine ganz wichtige Stellung in dieser Gemeinschaft. Du solltest deshalb genau hinschauen, wie Pferde und Menschen von ihnen behandelt werden. Werden die jungen Reiter auch schon beim Putzen und Satteln betreut? Werden die vielen Fragen, die man als Neuling hat, beantwortet und ist bei Problemen jemand zur Stelle?

Hat der Reitlehrer oder die Reitlehrerin selbst eine richtige Ausbildung? Wie korrigiert der Reitlehrer seine Schüler? Erklärt er ihnen, warum sie etwas auf eine bestimmte Weise machen sollen? Wechselt der Lehrer häufig oder ist er schon lange da? In guten Reitbetrieben sind oft mehrere Ausbilder, die jeweils ihre festen Schüler haben. Wenn immer weniger Schüler am Unterricht teilnehmen, dann spricht das nicht für die Qualität des Lehrers.

Die wichtigsten Eigenschaften eines Reitlehrers sind fachliches Können, Gerechtigkeit und Liebe zum Beruf.

Auch in einer größeren Gruppe werden Reiter einzeln korrigiert.

Bahnregeln

Beherrschen die Reiter die Bahnregeln (siehe Seiten 98–101) oder gibt es ständig Rangeleien und Zusammenstöße? Die Einhaltung der Bahnregeln ist wichtig, um die Sicherheit aller Reiter in der Abteilung zu gewährleisten. Dabei müssen auch gewisse Abstände von Pferd zu Pferd eingehalten werden, denn manche Pferde können es nicht leiden, wenn andere zu nah kommen und schlagen dann aus.

Theorie-Unterricht und Weiterbildung

Wird Theorieunterricht abgehalten? Ein guter Ausbilder fördert die Ausbildung der Reiter sowohl praktisch als auch theoretisch. Für Anfänger ist

Für den Theorie-Unterricht zu lernen kann richtig Spaß machen.

zum Beispiel der Basis-Pass ein erstes Prüfungsziel. Wenn es die Möglichkeit gibt, Theorieunterricht zu nehmen und Prüfungen abzulegen, dann kannst du davon ausgehen, dass du hier gut reiten lernst.

Reinspüren und Angebote prüfen

Die ersten Stunden

Wenn du dir einen Reitbetrieb anschaust, dann geh ruhig mehrmals hin und erkundige dich, ob du an den verschiedenen Reitstunden als

Die ersten Erfahrungen werden an der Longe gemacht.

Zuschauer teilnehmen darfst. Achte darauf, wie der Lehrer die Schüler korrigiert und ob du das Gefühl hast, dass die Schüler wirklich etwas lernen. Die allerersten Schritte finden in einer Longenstunde statt. Hier wird nur der richtige Sitz und das Gleichgewichtsgefühl trainiert. Nach genügend Stunden an der Longe, dürfen die Schüler die Zügel zum ersten Mal selbst in die Hand nehmen. Schau dir auch eine solche Stunde an. Wie gehen die Schüler mit den Zügeln, dieser empfindlichen Verbindung der Reiterhand zum Pferdemaul, um?

Wie die Reiter miteinander umgehen, sagt viel über die Stimmung aus, die im Reitbetrieb herrscht.

Wie sind die Reiterkollegen?

Die Gruppe der Reiter innerhalb einer Reitstunde nennt man »Abteilung«. Wenn du dich für einen Reitbetrieb entscheidest, wirst auch du dort einen Platz einnehmen. Hast du das Gefühl, dass dich der Lehrer und die Mitreiter dabei fair unterstützen würden? Ist der Ton nett? Wie gehen die Reiter miteinander in der Abteilung um?

Ferien auf Reiterhöfen

Wenn du Glück hast, darfst du die Ferien auf einem Reiterhof verbringen. Es gibt Reiterhöfe, die Kindergruppen aufnehmen und mehr oder weniger betreuen. Deine Eltern sollten sich vorher erkundigen, was alles angeboten wird und wie die Betreuung aussieht. Auch der Preis kann einen gewissen Aufschluss darüber geben, wie gut die Betreuung ist. Wenn drei Tage mit Essen und Übernachtung

80 Euro kosten, dann kann nicht viel Unterricht und Betreuung dabei sein. Es sind dann meist sehr große Gruppen, die zum Teil sich selbst überlassen bleiben. Das kann sehr abenteuerlich sein und großen Spaß machen, wird dich aber reiterlich nicht weiter bringen.

Der gemeinsame Ausflug ins Gelände muss gut geplant und betreut werden.

Andere Reiterhöfe beherbergen die ganze Familie und bieten Ausritte in die Umgebung an. Für dich ist wichtig, ob es dort auch Unterricht in den verschiedenen Leistungsgruppen gibt. Nur wenn das der Fall ist, kannst du etwas lernen. Geht es deiner Familie und dir aber um das Zusammensein und das Naturerlebnis, dann können solche gemeinsamen Tage wunderbar sein.

Intensiv-Kurse

In den Ferien werden auch Reitkurse für Kinder und Jugendliche angeboten, die über mehrere Tage gehen. Das kann eine tolle Sache sein. Dort hast du Gelegenheit, dein Können zu vertiefen und dabei auch noch Spaß zu haben. Voraussetzung ist natürlich auch wieder, dass es ein ordentlicher Betrieb mit guten Reitlehrern ist. Wenn du das gerne machen möchtest, dann bitte deine Eltern, mit dir dort hinzufahren, damit ihr euch den Betrieb vorher einmal anschauen könnt.

Weißt du's? Teste dein Wissen

1 Schulpferde sind Pferde, die
   a) an keinem Turnier mehr teilnehmen können.
   b) ganz besonders gut behandelt und regelmäßig von erfahrenen Reitern geritten werden müssen.
   c) nicht mehr ausgebildet werden.

2 Der Reitlehrer soll:
   a) möglichst laut schreien, damit man ihn gut hört.
   b) nur loben, damit die Schüler die Lust nicht verlieren.
   c) gerechte Kritik üben und begründen.

3 Guter Reitunterricht ist wichtig für Reiter, die
   a) auf Turniere gehen wollen.
   b) ihre Pferde lange gesund erhalten wollen.
   c) viel Geld haben.

4 In den Reiterferien
   a) steht an erster Stelle der Kontakt mit den Pferden.
   b) darf man alles tun, was sonst verboten ist.
   c) haben Eltern nichts zu suchen.

Richtig 1b, 2c, 3b, 4a

Was soll ich denn anziehen?

Vielleicht willst du bald zum ersten Mal auf dem Pferd sitzen und fragst dich jetzt: was soll ich denn dann anziehen? Für die ersten Reitstunden brauchst du noch keine perfekte Ausrüstung. Zieh an, worin du dich wohl fühlst. Die Hose sollte nicht zu eng sein, weil sie dich sonst drückt und du nicht entspannt sitzen kannst.

Wenn du für dich herausgefunden hast, dass dir das Reiten wirklich Spaß macht und du unbedingt weiter machen möchtest, dann sprich mit deiner Familie ab, was du wirklich brauchst und inwieweit sie dich bei dem Kauf deiner Ausrüstung unterstützen kann. Ein absolutes Muss ist dein eigener Reithelm.

Nicht nur chic: die Reithose

Elastische Jeans-Reithose.

Western-Reithose

Westernreiter haben üblicherweise spezielle Jeans an, die im Schritt mehr Platz lassen und deren Hosenbeine länger sind. Wichtig ist, dass die Nähte nicht zwicken, sonst kannst du schnell wunde Stellen bekommen. Am besten findest du solche Jeans in einem Western Store.

Englisch-Reithose

Ganz anders ist es bei den typischen Reithosen für Englischreiter. Die Auswahl ist groß und auch ein wenig der Mode unterworfen. Ich würde dir vorschlagen, dir zunächst eine ganz normale Reithose zu kaufen, in der du richtig bequem sitzen kannst. Die Innennähte sollen weich sein, damit die Haut nicht leidet. Vernünftig ist auch ein Lederschutz auf der Innenseite der Knie, weil so das Material geschont wird. Ganz exklusive Modelle haben einen Ganzlederbesatz, das heißt, deine Auflagefläche auf dem Sattel rutscht nicht. Das hat Vorteile, ist aber kein Muss.

Normale Reithose mit Kniebesatz.

Zumindest vom Knie an abwärts muss diese Hose eng am Bein anliegen, damit die langen Reitstiefel darüber gezogen werden können. Bei Jodhpur-Hosen bleiben die Hosenbeine außen, und statt der langen Reitstiefel werden kurze Stiefeletten getragen. Der Kontakt der Beine zum Pferdebauch ist dadurch intensiver, aber die Beine haben auch weniger Halt als in langen Reitstiefeln.

Von Kopf bis Fuß: Schuhe und Helm

Turnschuhe für den Anfang

Für die ersten Reitstunden, in denen du erst einmal ausprobieren willst, ob dir das Reiten überhaupt Spaß macht, genügen Turnschuhe. Später solltest du aber Stiefel tragen, die einen Fersenabsatz haben. So rutschst du mit den Sohlen nicht so leicht durch den Steigbügel durch. Das Hauptgewicht in den Steigbügeln legst du nämlich auf die Fußballen.

Stiefeletten für Westernreiter

Westernreiter benutzen meistens Stiefeletten. Manche haben Verzierungen, höhere Absätze oder sind auf eine andere Weise besonders gestaltet. Da sich die Western-Reitweise aus der tagtäglichen Arbeit mit Rindern entwickelt hat, sind die Schuhe so beschaffen, dass man mit ihnen gleich gut gehen wie reiten kann.

Lange Reitstiefel bieten Halt

Die Anhänger der englischen Reitweise tragen hohe, enge Lederreitstiefel, die bis in die Kniekehlen reichen. Wer je solche Reitstiefel neu gekauft hat, weiß, wie schmerzhaft der Prozess sein kann, bis sich die Stiefel zur richtigen Länge »gesetzt« haben. Der Vorteil ist, dass diese Stiefel dann, wenn sie endlich passen, den Beinen beim Reiten wirklich guten Halt bieten. Da die Produktion aber recht aufwändig ist, sind sie leider auch relativ teuer.

Kompromiss: Stiefel und Chaps

Es gibt auch billigere Gummireitstiefel, die jedoch nicht zu empfehlen sind. Im Sommer schwitzt man darin und im Winter sind sie steinhart und kalt. Gut ist eine Kombination von Stiefeln mit halb hohen Chaps, die bis unters Knie reichen. Der Vorteil ist, dass sie günstiger sind. Außerdem brauchst du vielleicht noch nicht unbedingt neue Chaps, wenn du aus den Stiefeln herausgewachsen bist. Du bist mit dieser Kombination für Dressur, Springen und auch Geländeritte gerüstet und kannst gut darin laufen.

Im Winter warme Stiefel

Sehr dankbar bin ich persönlich im Winter für das Angebot von angenehm warmen Winter-Reitstiefeln. Sie sind aus pflegeleichter Textilfaser mit einem wasserdichten Fußteil und Thermofutter hergestellt und lassen sich bequem an- und ausziehen. Die Investition lohnt sich vor allem, wenn du ins Gelände gehst.

Eine Frage der Sicherheit: der Reithelm

Der Reithelm ist ein absolutes Muss! In allen Reitbetrieben ist er bis zum Alter von 16 Jahren Pflicht. Er schützt vor schweren Kopfverletzungen, wenn du – was allen Reitern passiert – vom Pferd fällst. Dabei ist es aber wichtig, nicht einfach irgendeinen Helm aufzusetzen, den man dann ganz lässig nicht einmal zuschnallt.

Stiefeletten.

Lange Reitstiefel.

Gefütterte Winterreitstiefel mit Leuchtbändern.

Stiefeletten und halb hohe Chaps.

63

Vielseitigkeitshelm mit Stoffüberzug.

Der Helm muss passen und unter oder über dem Kinn fest sitzen. Die heutigen Modelle bieten mit einer splitterfreien Schale und der reißfesten Dreipunkt-Beriemung größtmögliche Sicherheit.

Und welche Oberbekleidung?

Lange Pullis sind out

Als Oberbekleidung ist alles geeignet, was bequem und den Wetterverhältnissen angepasst ist. Das sind im Sommer luftige Hemden oder T-Shirts, im Winter weiche und warme Pullis, zum Beispiel aus Fleece. Sie sollten nicht zu lang sein, sonst stören sie dich beim Sitzen. Praktisch sind auch Westen zum Drüberziehen, weil sie warm halten, ohne dich in der Bewegung zu stören.

Kein Luxus: die Sicherheitsweste

Für ganz verwegene und auch für kleine Reiter stellt sich die Frage nach einer Sicherheitsreitweste. Sie schützt den Oberkörper bei eventuellen Stürzen vor Abschürfungen und verringert die Gefahr von Prellungen.

Für Regen und Kälte gewappnet

Bei Regen empfehlen sich wasserdichte Reitjacken oder –mäntel. Achte beim Kauf darauf, dass sich die Jacke unten öffnen lässt und möglichst

Wasserfeste Reitjacke mit seitlichen Schlitzen.

seitliche Schlitze hat, damit du nicht darauf sitzt. Der Mantel muss sich ebenfalls so weit öffnen lassen, dass er über den Sattel reicht und deine Beine bedeckt. Es gibt auch leichte wasserdichte Ponchos, die du klein zusammenfalten und am Sattel befestigen kannst.

Wenn du Schi läufst, hast du sicherlich einen warmen Anorak, den du auch zum Reiten tragen kannst.

Dressur-Reithelme und Sicherheitswesten.

Umgekehrt kannst du auch deine Reitjacke zum Schilaufen anziehen. Die Jacke sollte warm sein, rutschfest und bequem.

Schutz für die zarten Hände

Um deine Hände vor Blasen und Abreibungen zu bewahren, sind Handschuhe sinnvoll. Es gibt sie für Sommer und Winter, aus Wolle, Baumwolle, Fleece und Leder. Die Finger sind meist mit Leder, Kunstleder oder Noppen verstärkt. Sie müssen gut passen, angenehm zu tragen sein und dir genügend Bewegungsfreiheit für die Finger bieten.

Besonders in der kälteren Jahreszeit verhindern Handschuhe, dass deine Hände kalt und klamm werden und du womöglich gar nichts mehr spürst. Normale Handschuhe sind zum Reiten nicht geeignet, denn sie würden durch die starke Beanspruchung rasch kaputt gehen.

Fröhlich bunte Reithandschuhe mit Noppen.

Gerte und Sporen?

Gerte

Wenn die Kraft deiner Beine noch nicht ausreicht, dein Pferd zum Vorwärtsgehen zu motivieren (= zu treiben), darfst du in Ausnahmefällen mit der Gerte nachhelfen. Das sollte aber unter Aufsicht geschehen und nur dazu dienen, eine zu schwache Aktion deiner Beine zu unterstützen. Ein unablässiges »Erinnern« mit der Gerte ist sinnlos, weil es dann keine Wirkung mehr bei deinem Pferd hat.

Sporen noch lange nicht

Sporen haben bei Reitanfängern nichts zu suchen. Durch unruhige Beine und Unsicherheiten des Reiters in den Hilfen können Pferde leicht durch Sporen verletzt werden. Erst wenn Arme, Hände, Beine und der übrige Körper vollständig unter Kontrolle sind, ist an das Tragen von Sporen zu denken, wenn sie überhaupt nötig sind. So spart ihr euch schon einmal unnötige Ausgaben

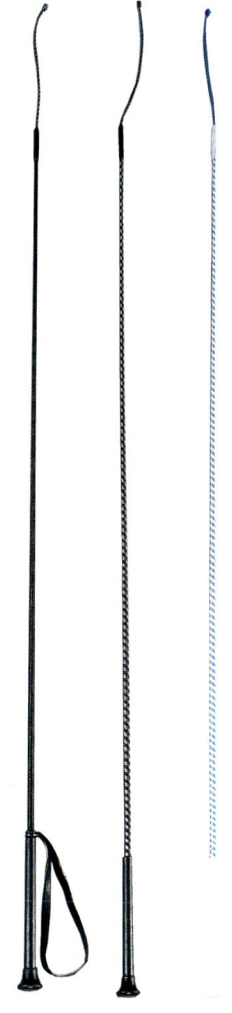

Dressur-Gerten.

Mein Tipp für dich

Meine persönliche Meinung ist, dass du eigentlich lange Zeit in deiner reiterlichen Karriere keine Gerte brauchst. Wie immer bestätigen Ausnahmen die Regel. Zum Beispiel kann der Gebrauch der Gerte sinnvoll sein, wenn dein Pferd im Gelände an einer Stelle nicht vorbei gehen will. Aber auch dann stellt sich die Frage: Warum will es nicht vorbeigehen? Hat es kein Vertrauen zu dir? Die Gerte sollte wirklich sehr sorgsam eingesetzt werden und ausschließlich der Hilfengebung und Hilfenverfeinerung dienen.

und den Pferden schmerzhafte und verwirrende Erfahrungen.

Falls du später einmal mit Sporen reiten solltest, dann ziehe sie erst kurz vor dem Reiten an und gleich danach wieder aus. Richtige Reiter zeichnen sich nicht durch klirrende Sporen aus, sondern durch gerechten Umgang mit den Pferden.

KURZ GESAGT
Gerte und Sporen:
▸ Lerne dein Pferd mit den Beinen und nicht mit der Gerte zu treiben.
▸ Benutze die Gerte nur zur Verfeinerung der Hilfen.
▸ Sporen haben bei Reitanfängern nichts zu suchen.

Weißt du's? Teste dein Wissen

1 Wie heißt die richtige Antwort zum Thema Reitkleidung?
   a) Die Kleidung soll vor allem toll aussehen.
   b) Anoraks sollen möglichst lang sein, dass man darauf sitzen kann.
   c) Die Kleidung soll praktisch und dem Wetter angepasst sein.

2 Welche Aussage kennzeichnet Reitstiefel?
   a) Gummireitstiefel sind besonders im Winter gut.
   b) Lange Lederreitstiefel bieten guten Halt.
   c) Reitstiefel brauchen keine Absätze.

3 Was weißt du über den Reithelm?
   a) Der Helm ist eine modische Ergänzung des Outfits.
   b) Den Reithelm musst du nicht unbedingt schließen.
   c) Der Reithelm ist bis zum Alter von 16 Jahren Pflicht. Auch danach ist er ein Schutz gegen Kopfverletzungen beim Sturz.

4 Gerte und Sporen: Was stimmt?
   a) Gerte und Sporen sollst du erst bei sicherem und ruhigem Sitz verwenden.
   b) Wer Sporen trägt, ist sicher ein guter Reiter.
   c) Mit der Gerte kannst du dein Pferd richtig vorwärts treiben.

Richtig: 1c; 2b; 3c; 4a

Streichelputzen und andere Vorbereitungen

Das Putzen des Pferdes ist eine wichtige Vorbereitung vor dem Reiten. Du musst einige Handgriffe kennen, damit dein Pferd auch sicher am Putzplatz steht. Vielleicht hast du ja auch schon einmal beim Putzen zugesehen und dich über die vielen Gegenstände, die man braucht, gewundert? In diesem Kapitel erfährst du, was du wann und vor allem wie am Pferd zum Einsatz bringst. Und du lernst, nach dem Putzen dein Pferd mit Zaumzeug und Sattel für die Reitstunde fertig zu machen.

Diese Vorbereitungen geben dir Gelegenheit, den Körper deines Pferdes immer besser kennen zu lernen. Nur wer sorgfältig putzt, wird auch Verletzungen und kleinere Wunden aufspüren. Währenddessen bist du deinem Pferd ganz nah, es hört deine Stimme und damit pflegst du auch eure Beziehung. Die Berührung ist wichtig für das Vertrauen, das ihr zueinander aufbaut.

Mit Halfter und Strick zum Putzplatz

Das Stallhalfter muss passen und darf nicht drücken.

Beim Anbinden darf der Strick nicht zu lang und nicht zu kurz sein. So ist es richtig.

Halfter und Strick

Wenn du deinem Pferd ein Stallhalfter anlegst, dann muss es auch passen. Es darf nicht zu klein sein, sonst drückt es. Wenn es zu groß ist, verrutscht es und kann dabei zum Beispiel die Augen verletzen.

Der Strick soll lang genug sein, dass du dein Pferd damit anbinden kannst. Dein Pferd sollte auch angebunden noch Bewegungsfreiheit haben, das heißt, der Strick hängt locker vom Halfter. Lass den Strick aber nicht zu lang, denn dann steigt dein Pferd womöglich hinein, wenn es den Kopf senkt. Lass dein Pferd auch nicht allein angebunden stehen.

Der richtige Putzplatz

Am besten ist ein Putzplatz im Freien, damit die Pferde, die daneben stehen, nicht den Staub einatmen, der beim Putzen entsteht. In der Box sollte man deswegen nicht putzen,

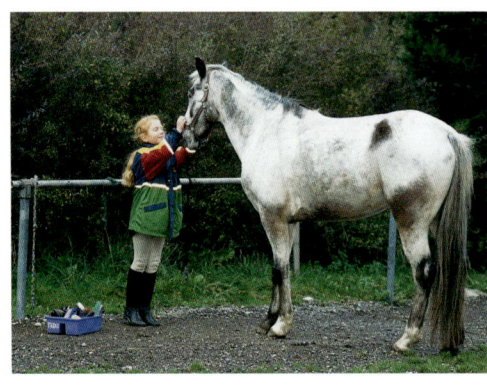

Das Putzzeug soll bereit stehen, bevor du dein Pferd holst und anbindest.

weil die heruntergefallenen Fellhaare eine Kolik auslösen können, wenn das Pferd sie mitfrisst.

Stell dir schon vorher die Putzkiste an Ort und Stelle und lege Sattel und Zaumzeug bereit, wenn du dein Pferd schon reiten darfst. Dann brauchst du es nicht alleine stehen zu lassen, um die Sachen erst zu holen.

Leicht gemacht: der Knoten zum Anbinden

Zum Anbinden gibt es einen bestimmten Knoten. Die Zeichnung zeigt dir Schritt für Schritt, wie du ihn anlegst. Der Vorteil dieses Knotens ist, dass du ihn ganz schnell öffnen kannst, wenn du an dem losen Ende ziehst. Der Teil des Stricks, der zum Halfter führt, ist aber fest.

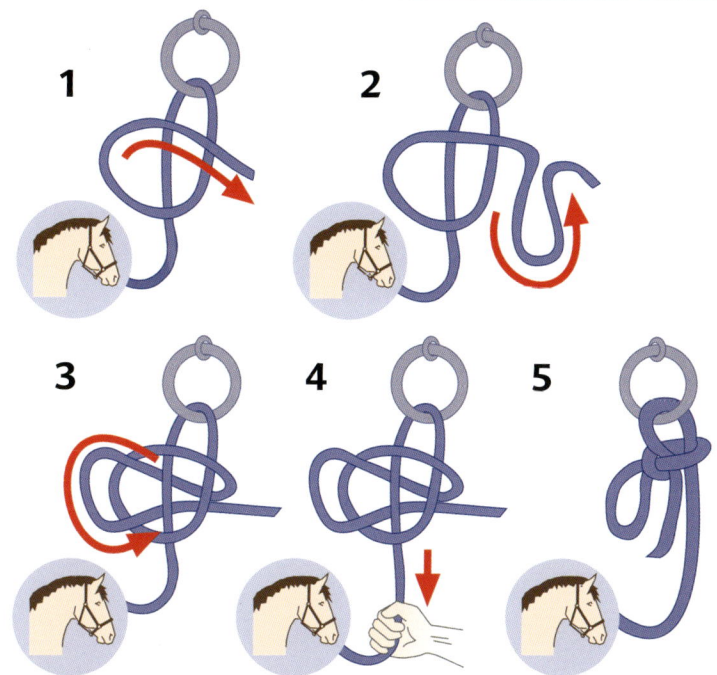

Übe den Anbindeknoten meherere Male ohne Pferd. Durch Ziehen am losen Ende geht der Knoten auf.

Eine schöne Putzmassage

Was brauchst du?

Zum Putzen brauchst du eine Kopfbürste, eine Bürste, Striegel und Kardätsche, einen Hufauskratzer, einen Schwamm und eventuell ein Handtuch. All diese Materialien packst du in deine Putzbox, dann hast du alles beieinander.

Mit weichem Druck bürstest du das Fell am Kopf in Fellrichtung.

Am Kopf anfangen

Putzen ist viel mehr als nur Dreck wegmachen. Es kann zu einer entspannenden Massage werden, wenn du willst. Du fängst am Kopf an, am besten mit einer weichen Kopfbürste oder mit einem Handtuch. Du streichst grundsätzlich mit dem Fellstrich, also in die Richtung, in die das Fell gewachsen ist. Am Kopf arbeitest du mit wenig Druck. Wenn dein Pferd unruhig ist, dann hebst du dir das Putzen des Kopfes bis zuletzt auf.

Der Körper

Für den Körper benutzt du einen Striegel und eine so genannte Kardätsche, das ist eine Pferdebürste. Immer wenn du einige Male über den Pferdekörper gebürstet hast, streifst du

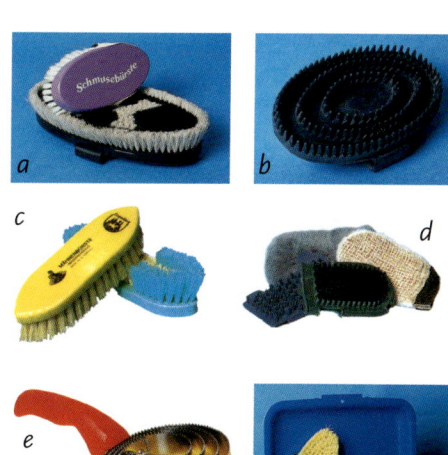

a) Kopfbürste und Kardätsche.
b) Striegel. c) Wurzelbürsten. d) Massagehandschuhe. e) Schmutzstriegel.
f) Putzbox.

Mit der Kardätsche bürstet du einige Male in Fellrichtung.

Dann streifst du den Dreck am Striegel in Richtung von dir weg ab.

Bürstenstriche in Fellrichtung ausführen.

den Schmutz aus der Kardätsche mit dem Striegel ab. So bleibt deine Bürste einigermaßen sauber. Den Striegel kannst du dann am Boden ausklopfen, dann fällt der Dreck heraus.

Pferde, die sich besonders gern im feuchten oder nassen Boden wälzen, sehen oft wie panierte Schnitzel aus. Dafür gibt es ganz praktische Fellstriegel. Durch die kleinen Zacken löst sich die »Panade« leicht, ohne dem Pferd wehzutun. Den Rest bürstest du weg.

Putzen mit dem Fellstrich

Die folgende Abbildung zeigt dir, in welche Richtung du deine Bewegungen ausführst. Am ganzen Körper gilt die Regel: immer mit dem Fellstrich bürsten. Natürlich kannst du an besonders verschmutzten Stellen auch hin- und herfahren. Die Beine bürstest du von oben nach unten, den Bauch von vorne nach hinten.

Die Mähne mit den Fingern oder vorsichtig mit dem Mähnenkamm putzen.

Mähne und Schweif

Die Mähne wird mit einer groben Bürste oder einem Mähnenkamm geputzt. Sei aber vorsichtig, damit du nicht jedes Mal Haare auszupfst. Mit der Mähne schützt sich das Pferd vor Insekten, und sie ist in gewissem Maße auch sein Stolz.

Den Schweif bürstest du am besten ganz selten. Besser ist es, ihn auszuschütteln und die Schmutzteile, zum Beispiel Stroh und Heu, mit den Händen herauszuholen und die Schweifhaare vorsichtig voneinander zu trennen. Man nennt das »den Schweif verlesen«. Die Schweifhaare brauchen Jahre, bis sie eine schöne

Aus dem Schweif holst du mit den Fingern den Schmutz heraus und sortierst ihn dann.

Länge erreicht haben. Um das Verlesen zu erleichtern, gibt es ein Schweifspray, mit dessen Hilfe sich die Schweifhaare leicht voneinander lösen lassen.

Mit viel Ruhe arbeiten

Wenn du deine Bewegungen mit großer Ruhe ausführst, wird dein Pferd deine Ruhe übernehmen und sich wohlfühlen. Sein Organismus wird durch deine Berührung angeregt und der Kreislauf kommt in Schwung. Wenn du dagegen unruhig und planlos an deinem Pferd herumbürstest oder dich ständig ablenken lässt, dann wird auch dein Pferd unruhig.

Wie fühlt sich dein Pferd?

Nun hat dein Pferd wahrscheinlich ein vor Sauberkeit glänzendes Fell. Falls es sich vorher am Kopf nicht anfassen lassen wollte, kannst du das nun nachholen. Vielleicht ist dein Pferd jetzt ganz entspannt und streckt dir schon seinen Kopf entgegen? Dann ist dir eine schöne Putzmassage gelungen. Ist es jedoch unruhig, dann liegt es vielleicht an dir. Solltest du mit mehr Ruhe arbeiten? Oder hat eine unruhige Umgebung dein Pferd vielleicht nervös gemacht? Manchmal muss man sich dann einen ruhigeren Putzplatz suchen.

KURZ GESAGT

Eine schöne Putzmassage:
▸ Bürste dein Pferd mit dem Fellstrich.
▸ Gehe mit Mähne und Schweif vorsichtig um.
▸ Konzentriere dich beim Putzen nur auf dein Pferd.

Gepflegt von Kopf bis Huf

Hufe auskratzen

Zur täglichen Pflege deines Pferdes gehört auch, die Hufe sauber zu halten. Sonst siedeln sich dort Bakterien an, die zu Strahlfäule führen können.

Zum Auskratzen stellst du dich seitlich neben das Pferd, blickst in Richtung Schweif und streichst mit der Hand entlang seines Beins. Normalerweise hebt das Pferd dann von selbst seinen Vorderfuß, wenn es den Ablauf kennt. Dann nimmst du den Vorderfuß mit der linken Hand hoch und kratzt mit der rechten Hand den Huf aus. Die Kratzrichtung zeigt immer weg von dir. Entferne aber wirklich nur den Dreck und bohre nicht mit dem Hufkratzer zu sehr in die Strahl-

Fordere das Pferd durch Berührung und mit deiner Stimme auf, den Huf zu geben.

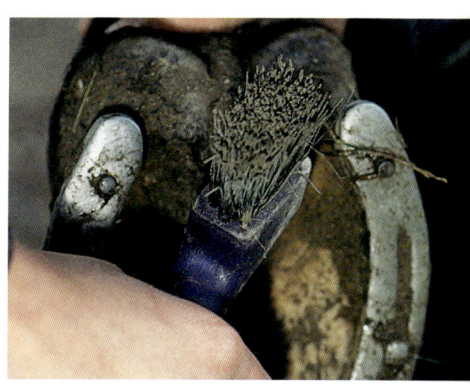

Entferne den Dreck mit dem Hufauskratzer in Richtung von dir weg.

furchen, sonst werden diese zu tief. Bei den Hinterhufen machst du es genauso. Du kannst den Huf auch auf deinem Oberschenkel ablegen, um ihn besser festhalten zu können. Wenn du fertig bist, führst du das Bein auf den Boden zurück.

Lege das Pferdebein auf deinen Oberschenkel und halte es mit der linken Hand fest.

Bleibe immer seitlich vom Pferd und komm mit deinem Kopf nicht zu nahe an den Huf. Durch eine plötzliche Bewegung könnte der Huf sonst deinen Kopf oder deine Brille, wenn du eine trägst, erwischen.

Bei den Hinterhufen musst du besonders aufpassen. Lasse es dir bei Pferden, die du noch nicht kennst, lieber zeigen. Dann kannst du feststellen, ob das Pferd brav ist.

So pflegst du die Hufe

Bei gesunden Hufen bürstest du einfach nur den Dreck mit einer Wurzelbürste weg. Ab und zu cremst du die Kronränder mit Lorbeeröl ein. Die

Kronränder befinden sich dort, wo das Hornmaterial ins Fell übergeht. Zuviel Öl oder Fett kann allerdings auch die Poren verstopfen. Brüchiges Hufhorn solltest du möglichst nicht abwaschen, sondern nur abbürsten. Waschen trocknet die Hufe aus und macht das Horn noch brüchiger.

Huf ohne Eisen?

Bei Pferden, die schon lange Eisen tragen, brechen manchmal die Hufe seitlich aus. Dann kann man daran denken, die Eisen für eine Weile abzunehmen und den Hufen eine Erholungspause zu gönnen. Das ist aber eine relativ schwierige Angelegenheit, denn das Pferd kann dann für eine Weile nur auf weichem Boden laufen oder es braucht spezielle Hufschuhe zur Schonung. Ein guter Hufpfleger sollte die ganze Sache kontrollieren.

Spezielle Hufschuhe können es ermöglichen, ein Pferd auch mit Hufproblemen zu reiten.

KURZ GESAGT

Hufe auskratzen:
▸ Es ist wichtig, die Hufe sauber zu halten.
▸ Brüchige Hufe nur abbürsten.
▸ Beim Hufauskratzen dem Huf mit dem Gesicht nicht zu nahe kommen.

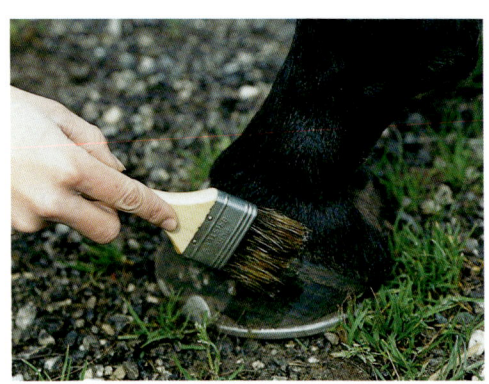

Ab und zu cremst du die Kronränder mit Lorbeeröl ein.

Ganz schön schwer — der Sattel

Verschiedene Sattelarten

Es gibt verschiedene Arten von Sätteln. Westernreiter benutzen einen Westernsattel, Englischreiter zum Beispiel einen Dressur- oder Vielseitigkeitssattel (siehe Seiten 81–82). Zu jedem Pferd gehört ein eigener Sattel, der ihm passen muss. Welcher Sattel es auch ist, das Auflegen ist immer gleich. Da manche Sättel sehr schwer sind, solltest du dir beim Satteln helfen lassen.

Den Sattel auflegen

Du gehst auf die linke Seite des Pferdes und hebst den Sattel auf das Pferd. Das geschieht ziemlich weit vorne, so dass man ihn nach hinten schieben kann, bis er in der richtigen Position ist. Das ist dann erreicht, wenn der tiefste Punkt des Sattels in der Mitte der eigentlichen Sitzfläche ist. Der Sattelgurt befindet sich dann einige Zentimeter hinter dem Ellbogen.

Ist nicht richtig gesattelt worden, dann muss das unbedingt korrigiert werden. Dein Pferd leidet darunter und du kannst keine korrekten Hilfen geben, weil du dich schlecht im Gleichgewicht halten kannst. Wenn du beim Reiten nach vorne oder nach hinten fällst, hast du entweder nicht richtig gesattelt oder der Sattel passt nicht. Letzteres kann ein erfahrener Reiter oder ein Sattler beurteilen. Der Sattel darf an keiner Stelle drücken und muss genau dem Rückenverlauf des Pferdes entsprechen.

Die Luft muss raus sein

Ist nun der schwere Sattel endlich auf deinem Pferd und in der richtigen Lage, dann schließt du den Sattelgurt erst ziemlich locker. Die Pferde blasen sich nämlich in dem Augenblick kräftig auf, wenn du mit deiner Hand den Sattelgurt berührst. Zieh dann nicht gleich ganz fest an, sondern erlaube dem Pferd, sich darauf einzustellen. Nach einigen Minuten wirst du schon ein Loch weiter kommen und vor dem Aufsteigen kannst und musst du dann fest anziehen, damit der Sattel nicht verrutscht.

Bei den meisten Pferden kann man nach der Schrittphase vor dem ersten Antraben noch ein weiteres Loch fester schnallen, weil dann »die Luft raus« ist. Man kann dazu sitzen bleiben. Der Unterschied zum ersten Anziehen besteht dann oft in 4–5 Löchern. Wenn du so sorgfältig fester schnallst, wird dein Pferd keinen Satteldruck bekommen.

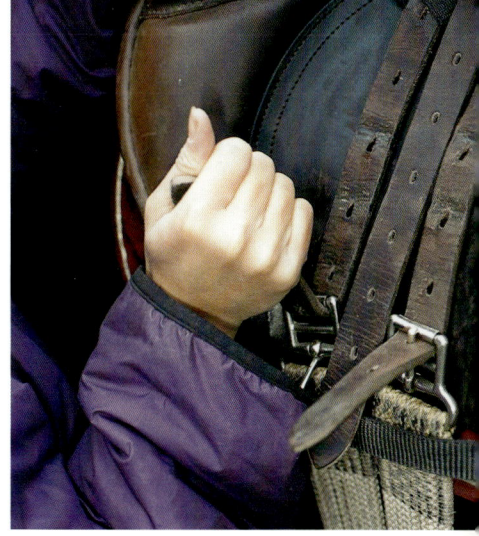

Der Sattelgurt wird erst locker geschlossen und später fest geschnallt.

Der tiefste Punkt des Sattels muss in der Mitte der Sattelfläche sein.

KURZ GESAGT

Satteln:
► Liegt der Sattel nicht richtig, schadet das dir und dem Pferd.
► Der Sattel muss genau passen.
► Den Sattelgurt schrittweise fester schnallen.

Das Zaumzeug anlegen

Du schiebst das Trensengebiss mit der linken Hand ans Pferdemaul.

Dann ziehst du das Zaumzeug mit der rechten Hand nach oben.

Das Genickstück legst du vorsichtig hinter die Pferdeohren.

Trense und Genickstück

Erst öffnest du das Stallhalfter und ziehst es deinem Pferd so über den Kopf, dass es am Hals hängt. So ist dein Pferd noch angebunden, hat aber den Kopf frei.

Du stehst vorne links neben dem Pferd und schaust in die gleiche Richtung wie das Pferd. Du legst die Zügel über den Pferdehals. Dann nimmst du das Zaumzeug zwischen Stirnriemen und Nasenriemen in die rechte Hand. Diese Hand legst du über die Nase des Pferdes, während du mit der linken Hand das Trensengebiss ans Maul schiebst. Ein Pferd, das immer korrekt behandelt wird, wird dann das Maul aufmachen und die Trense annehmen. Dann rutschst du mit deiner rechten Hand höher über die Stirn und legst das Genickstück hinter die Ohren. Der Stirnriemen bleibt davor und die Schopfhaare werden darüber gelegt.

Nasenriemen und Kehlriemen

Danach verschnallst du den Nasenriemen so, dass noch zwei Finger darin Platz haben. Sitzt das Zaumzeug zu locker, dann scheuert es beim Reiten. Sitzt es zu fest, tut das dem Pferd weh. Dann schließt du den Kehlriemen. Eine Faust breit sollte noch Platz sein. Wenn du ein kombiniertes Zaumzeug hast, ist noch der Sperrriemen zu verschnallen. Er soll verhindern, dass das Pferd das Maul zu weit aufsperrt.

Zum Schluss, wenn alles korrekt verschnallt ist, ziehst du das Stallhalf-

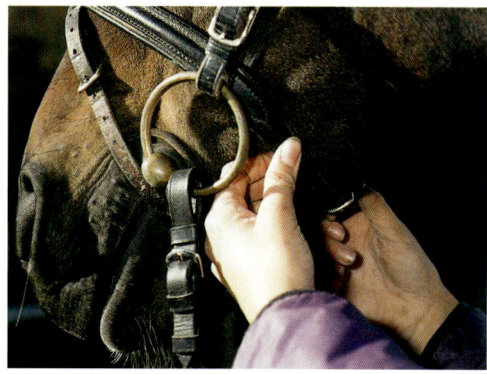

Schließe den Nasenriemen, so dass noch 2 Finger darunter Platz haben.

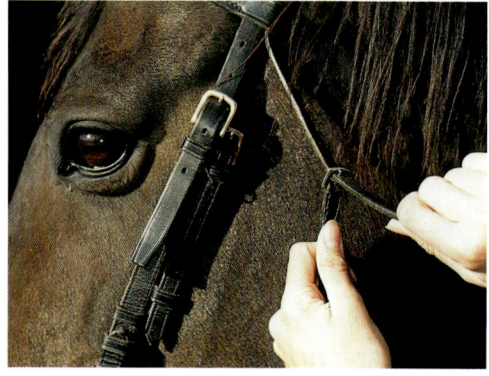

Beim Schließen des Kehlriemens sollte noch eine faustbreit Platz zwischen Riemen und Kopf sein.

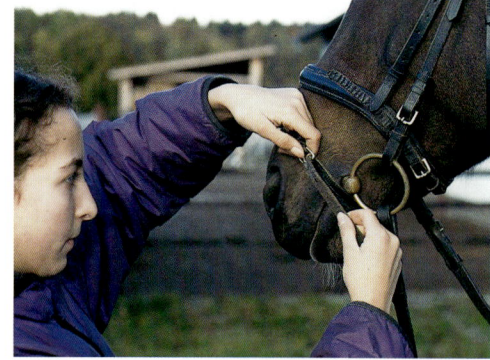

Beim kombinierten Zaumzeug verschnallst du noch den Sperrriemen (nicht zu eng).

ter über den Kopf. Die nächste Abbildung zeigt dir ein korrekt verschnalltes Zaumzeug. Zu den einzelnen Bestandteilen siehe Seite 82.

Korrekt verschnalltes kombiniertes Zaumzeug.

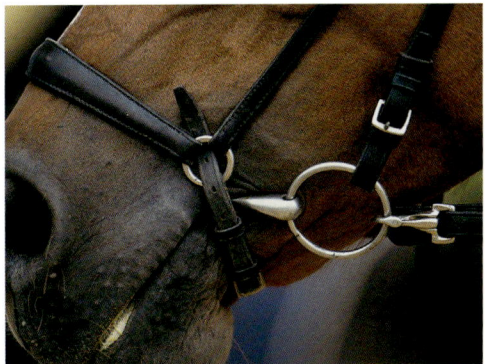

Hannover'sches Zaumzeug. Die Wassertrense ist etwas zu breit.

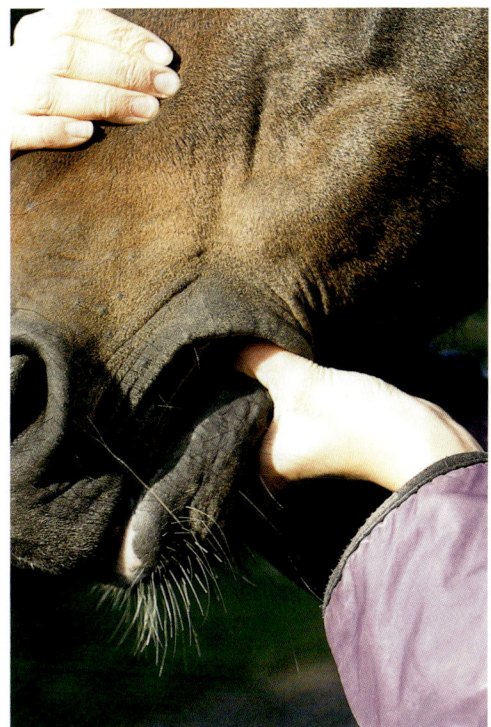

Du kannst dem Pferd am Ende der Maulspalte ins Maul greifen. Dort sind keine Zähne.

a) Wassertrense. b) Olivenkopftrense.

KURZ GESAGT

Zaumzeug anlegen:
- ▸ Stallhalfter um den Hals legen,
- ▸ Gebiss einführen, Genickstück und Stirnriemen anlegen,
- ▸ Nasenriemen, Kehlriemen und Sperriemen verschließen,
- ▸ darauf achten, dass nichts zu fest sitzt,
- ▸ Stallhalfter abnehmen.

Das Gebiss

Das Gebiss, das zum Beispiel aus einer Wassertrense oder einer Olivenkopftrense besteht, soll an beiden Seiten zirka 1 cm über den Maulwinkel hinausragen. Ein zu enges Gebiss zwickt und ein zu weites Gebiss stört im Maul.

Macht dein Pferd beim Anlegen des Gebisses sein Maul nicht auf, dann kannst du deinen linken Daumen in den Teil der Maulspalte legen, wo keine Zähne sind. Lass dir von einem erfahrenen Reiter zeigen, wie das genau geht, damit dich das Pferd nicht beißt.

Und die Pflege nach dem Reiten?

Du schiebst den Steigbügel am Riemen hoch und fädelst den Riemen durch den Steigbügel.

Anschließend lockerst du den Sattelgurt, um den Druck wegzunehmen.

Reiter, die die Wirbelsäule ihres Pferdes schonen wollen, steigen rechts ab.

Du und dein Pferd

Wenn dein Pferd Gamaschen trägt, ist es ganz wichtig, dass du sie ihm nach dem Reiten wieder abnimmst. Es kann sonst zu einem Blutstau kommen, der sogar zum Absterben von Gewebe führen kann.

Die weitere Versorgung

Ich stelle mir vor, dass du eine schöne Reitstunde genossen hast und gerade abgestiegen bist. Du kannst links oder rechts absitzen. Die Erklärung, warum es besser ist, auf der rechten Seite abzusteigen, findest du auf Seite 93. Als nächstes versorgst du die Steigbügel und lockerst den Sattelgurt.

Dann führst du dein Pferd zurück. In manchen Ställen ist es üblich, die Hufe beim Verlassen der Halle auszukratzen. Wenn du das noch nicht gemacht hast, dann tust du es am Putzplatz oder vor der Box. Das ist ganz wichtig, denn es könnten sich Steine verfangen haben und der Dreck, der sich festgesetzt hat, muss auch entfernt werden.

Zum Absatteln ziehst du deinem Pferd wieder das Stallhalfter über den Hals. Dann sattelst du ab und nimmst das Zaumzeug vorsichtig herunter. Danach ziehst du das Stallhalfter wieder ordentlich über den Kopf. Anschließend nimmst du deinem Pferd auch die Gamaschen ab.

Wenn das Pferd verschwitzt ist

Ist die Sattellage verschwitzt, dann solltest du sie wenigstens abbürsten

Vorsichtig hebst du den Stirnriemen über die Ohren, die Trense gleitet aus dem Maul.

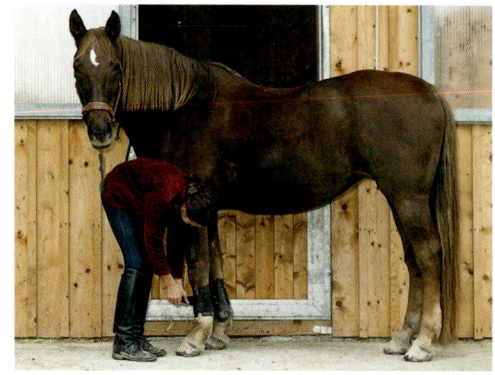

Niemals darfst du vergessen, die Gamaschen abzunehmen.

oder mit einem nassen Schwamm vom Schweiß befreien. Wenn der Schweiß darauf bleibt, verklebt das Fell in der Sattellage. Wenn das nächste Mal wieder gesattelt wird, können dadurch leicht Druckstellen entstehen, die sich schließlich auch entzünden können.

Ein Pferd sollte nicht verschwitzt in die Box gestellt werden. Versuche, es mit Stroh einigermaßen trocken zu reiben oder gehe mit ihm zum Grasen, wenn du die Möglichkeit hast.

Ein verschwitztes Pferd kannst du mit Stroh abreiben.

Vor allem darf ein verschwitztes Pferd nicht in der Kälte stehen gelassen werden. Das ist gerade bei Offenstallhaltung (siehe Seite 43) ein Problem, denn wie soll man das Pferd mit seinem dicken Winterfell trocken kriegen? Dann bietet sich zum Beispiel eine gute Abschwitzdecke an, unter der dein Pferd früher oder später trocken wird. Das kostet allerdings Zeit. Wenn du eine Schicht Stroh dazwischen legst, die du auswechselst, wenn sie feucht ist, geht es ein bisschen schneller.

Im Sommer ist das Problem nicht so groß. Dann kannst du dein Pferd mit warmem Wasser abduschen, vor allem die verschwitzten Stellen in der Sattellage, und die Beine abspritzen. Das überschüssige Wasser nimmst du mit dem Schweißmesser ab und führst dein Pferd dann, bis es trocken ist. Ein verschwitztes Pferd mit demm Kaltwasserschlauch abzuduschen ist nicht günstig, weil es den Muskeln schadet. Erst wenn sich die Körpertemperatur deines Pferdes wieder normalisiert hat, wenn es also nicht mehr schwitzt, kannst du es an einem warmen Tag kalt abduschen.

Nachdem du dein Pferd gut versorgt hast, bringst du es in seine »Wohnung« zurück. Auf keinen Fall lässt du dein Pferd irgendwo alleine angebunden stehen, während du weg gehst. Dein Pferd sollte immer unter Beobachtung stehen.

Das Material versorgen

Die Trense wird sorgfälltig ausgewaschen. Gelegentlich müssen Zaumzeug und Sattel mit Sattelseife eingeseift und anschließend mit Sattelfett oder Leleröl eingefettet werden. Ganz wichtig ist auch, dass die Satteldecke regelmäßig gewaschen wird, denn dort kleben Staub und Schweiß verbunden mit dem natürlichen Fett von Haut und Fell. Das ist eine böse Mischung, die sich, wie gesagt, beim Reiten in den Pferderücken eingraben und dort Entzündungen verursachen kann.

Halte auch den Inhalt deiner Putzkiste sauber, damit du oder der näch-

Die Trense wird nach dem Reiten abgewaschen, sonst bleiben Speichel- und Futterreste daran kleben.

Wenn du dein Pferd zurückgebracht hast, räumst du alles wieder an seinen Platz.

KURZ GESAGT

Nach dem Reiten:
► Die Versorgung des Pferdes kommt vor allem anderen.
► Sattel und Zaumzeug säubern, ab und zu einfetten.

ste Reiter alles ordentlich vorfindet. Bürsten und Schwamm müssen enthaart und gelegtlich gewaschen werden, auch das Handtuch ist immer wieder zu erneuern.

Am Schluss alles aufräumen

Wenn du alles geputzt, gewaschen und gepflegt hast, müssen die Dinge auch wieder an ihren Platz gebracht werden. Sicher gibt es einen persönlichen Platz für die Utensilien von deinem Pferd. Dort solltest du die Dinge beim nächsten Mal auch wieder finden können.

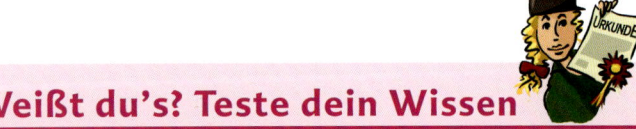

Weißt du's? Teste dein Wissen

1 Was brauchst du zum Putzen und Pflegen?
- a) Sporen und Gerte.
- b) Kopfbürste, Striegel, Kardätsche, Wurzelbürste, Schwamm, Handtuch, Hufkratzer, Fellkratzer, Mähnenkamm.
- c) Sattel und Zaumzeug.

2 Wie sollen Halfter und Strick angebracht sein?
- a) Der Strick muss dem Pferd Bewegungsfreiheit lassen, dann kannst du dein Pferd lange allein stehen lassen.
- b) Das Halfter muss passen und darf nicht drücken.
- c) Der Strick wird an einem Ende mit einem Karabinerhaken am Halfterring eingehakt. Das andere Ende wird mit einem speziellen Knoten an einem gesicherten Ort befestigt.

3 Was ist wichtig beim Satteln?
- a) Der Sattel wird vorsichtig weiter vorne aufgelegt und in die Sattellage nach hinten geschoben.
- b) Es macht nichts, wenn der Sattel verrutscht. Später gurtest du dann noch mehrere Male nach.
- c) Der Sattelgurt wird behutsam in das erste mögliche Loch verschnallt.

4 Worauf achtest du beim Zaumzeug?
- a) Das Zaumzeug muss auf den Pferdekopf passen und darf nicht an den Ohren, den Nasenlöchern oder den Jochbeinleisten drücken.
- b) Die Trense ragt ungefähr 1 cm rechts und links aus der Maulspalte.
- c) Beim Verschnallen des Nasenriemens haben noch zwei Finger Platz, beim Kehlriemen eine Faust.

5 Was tust du nach dem Reiten?
- a) Nach dem Reiten solltest du dich erst einmal ausruhen.
- b) Du sattelst dein Pferd ab, nimmst das Zaumzeug herunter und versorgst die verschwitzten Stellen und die Hufe.
- c) Du säuberst die Gegenstände und räumst sie auf, wann du Lust hast.

Richtig: 1b, 2b und c, 3a und c, 4a und c, 5b

Sicher werden
im Sattel

Nun geht es endlich los — der große Tag ist gekommen. Du wirst deine ersten richtigen Reitstunden haben und bist wahrscheinlich auch ein bisschen aufgeregt. Vielleicht bist du ja vorher schon ein paar Mal auf einem Pferd gesessen, oder hast vielleicht eine Zeit lang einen Voltigierkurs besucht? Diese Art von »Gymnastik auf dem Pferd« ist übrigens sehr zu empfehlen, um ein Gespür für die Bewegungen des Pferdes und für dein Gleichgewicht zu entwickeln.

Du willst also endlich reiten lernen? Dazu musst du dich erst einmal grundsätzlich für eine Reitweise entscheiden (Western oder Englisch?), um dann durch einen guten Unterricht Schritt für Schritt Sicherheit im Sattel zu gewinnen. Am Anfang wirst du an der Longe reiten, den richtigen Sitz üben und die drei Grundgangarten (Schritt, Trab und Galopp) kennen lernen. Und dann bist du auch irgendwann fit zum Reiten ohne Longe!

Sich für eine Reitweise entscheiden

Western oder Englisch?

Es gibt verschiedene Möglichkeiten, auf einem Pferd zu reiten. Außer Western oder Englisch gibt es natürlich noch andere. Welche Reitweise für dich in Frage kommt, hängt vor allem davon ab, was in den für dich erreichbaren Ställen gelehrt wird.

Western-Reiten

Western-Reitunterricht ist in Deutschland viel seltener zu finden als Reitunterricht in der klassischen Reitweise, findet jedoch immer mehr Anhänger. Manche empfinden diese Reitweise als freier, weil sie weniger über die Zügelhilfen arbeitet. Beim Westernreiten spielen aber, wie in jeder anderen Reitweise auch, die Kommunikation mit dem Pferd und die Bodenarbeit eine große Rolle.

Ursprünge des Western-Reitens

Die Western-Reitweise kommt aus Amerika und hat ihren Ursprung in der Arbeit der Cowboys mit Rindern. Die Cowboys hatten beim Reiten oft nur eine Hand frei, die andere brauchten sie beispielsweise zum Lassowerfen. Die Pferde mussten also entsprechend gut ausgebildet und sehr wendig sein. Sie sollten hauptsächlich auf Signale, die man mit dem Körper und den Beinen gibt, reagieren. Die ganze Ausrüstung und auch die Reitkleidung sind bis heute darauf ausgerichtet.

Der Westernsattel

Da oft lange Strecken überwunden werden mussten und die Viehhirten viele Stunden im Sattel bleiben mussten, um die Rinderherden zusammenzuhalten, ist der Westernsattel auf Bequemlichkeit, Sicherheit

Der Westernsattel ist für Sicherheit, Bequemlichkeit und den Gepäcktransport gebaut.

und für den Transport von Gepäck ausgerichtet. Er hat eine große Auflagefläche auf dem Pferderücken und ist sehr schwer. Vorne befindet sich ein Knauf, um das Lasso zu befestigen oder um sich festzuhalten. Die Unterseite des Sattels ist nicht gepolstert, deshalb dient eine dicke Decke, ein sogenanntes Pad, als Unterlage. Dennoch muss der Sattel natürlich auf den Pferderücken passen.

Western-Zäumungen

Die Zäumungen sind sehr unterschiedlich. Manche haben ein dünnes scharfes Gebiss, andere wirken ohne Gebiss über zwei Hebel rechts und links, mit denen Druck auf die Nase ausgeübt wird. Wieder andere bestehen nur aus einem Strick, der ähnlich wie ein Stallhalfter verknotet ist. Die Zügel hängen beim Reiten normalerweise leicht durch und Zügelhilfen werden nur angedeutet. Hauptsächlich werden die Kommandos mit dem Körpergewicht und den Schenkeln gegeben.

Klassisch-englische Reitweise

Diese Reitkunst hat ihre Ursprünge in der Antike. Bei den Griechen und Römern wurden Pferde unter anderem für kämpferische Auseinandersetzungen ausgebildet. Die Bewegungen (Sprünge), die Pferde auch in der freien Natur ausführen, eignen sich hervorragend für Angriff oder Verteidigung. Dazu gehört zum Beispiel die Kapriole, ein Sprung mit angezogenen Vorderbeinen, während die Hinterbeine nach hinten ausstreichen.

Die klassische Reitweise unterscheidet Gewichtshilfen, Schenkelhilfen und Zügelhilfen. Der Reiter muss eine gleichmäßige, aber auch elastische »Anlehnung zum Pferdemaul« haben. Alle drei Hilfen wirken zusammen, man spricht dann davon, dass das Pferd von den Hilfen »eingerahmt« wird.

Im Gegensatz zur klassischen Reitkunst, an deren Entwicklung auch die Franzosen und Portugiesen beteiligt waren, haben die Engländer beim Reiten die sportliche Seite in den Vordergrund gestellt. Durch ihren Einfluss entstand das, was wir heute als modernen Reitsport bezeichnen. Zum Dressurreiten kamen das Springen und Vielseitigkeitsreiten sowie das Jagdreiten und verschiedene Rennen dazu.

Der Sattel

Die verwendeten Sättel (Dressur-, Spring- und Vielseitigkeitssattel) sind kleiner und leichter als der Westernsattel. Die Auflagefläche auf dem

Ein-Ohr-Zaum mit Westernkandare.

Der Springsattel hat ein breites Sattelblatt mit einer Polsterung, um das Reiterbein zu stützen.

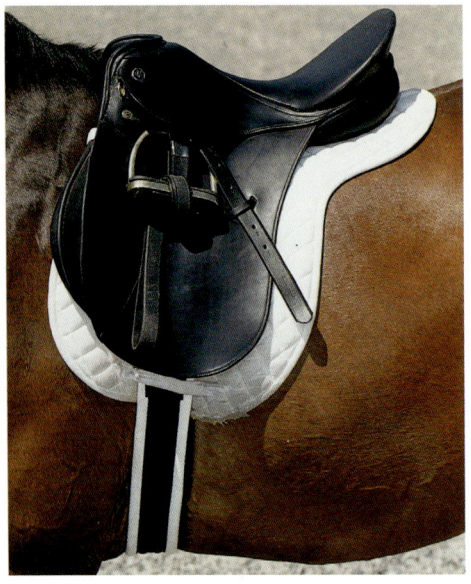

Der Dressursattel mit einem langen und schmalen Sattelblatt bietet wenig Sicherheit.

Pferderücken ist geringer, das heißt, der Druck des Reitergewichts auf den Rücken pro Quadratzentimeter ist größer. Diese Sättel müssen also genau auf den Pferderücken passen. Sie sind unten gepolstert, deshalb genügt eine Schweiß aufsaugende Satteldecke darunter. Außerdem muss der Tiefpunkt des Sattels stimmen, sonst wird der Rücken des Pferdes falsch belastet und der Reiter bekommt

Schwierigkeiten mit seinem Sitz. Wie man den Sattel auflegt und pflegt kannst du auf den Seiten 73 und 77 nachlesen.

Zäumungen

Die Zäumungen sind sehr unterschiedlich, es gibt sie mit und ohne Gebiss. Für Reitanfänger sind das Hannoversche, das Englische und das kombinierte Reithalfter am gebräuchlichsten. Das Mundstück nennt man je nach seiner Form Wassertrense oder Olivenkopftrense. Je dünner das Gebiss ist, um so schärfer ist es im Pferdemaul. Für Reitanfänger ist ein mitteldickes Mundstück, das ein- bis zweimal gebrochen ist, zu empfehlen. Die meisten reiten mit einmal gebrochener Wassertrense. Wie man das Zaumzeug anlegt und pflegt, kannst du auf den Seiten 74 und 77 nachlesen.

KURZ GESAGT

Sich für eine Reitweise entscheiden:

▸ Western oder klassisch? Meist eine Frage der Gelegenheit und der persönlichen Neigung.
▸ Western: arbeitet vor allem über Gewichts- und Schenkelhilfen.
▸ Klassisch: hier spielen zusätzlich die Zügelhilfen eine wichtige Rolle.
▸ Beide Reitweisen haben unterschiedliche Zäumungen und Sättel.

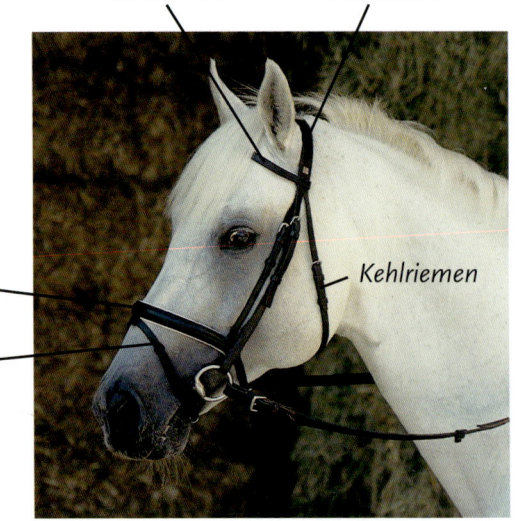

Stirnriemen   Genickstück

Nasenriemen

Sperrriemen

Kehlriemen

Kombiniertes Reithalfter mit Olivenkopftrense.

Erste Erfahrungen an der Longe

Jetzt geht es los!

Endlich ist es so weit! Du hast dich zum Ausprobieren der englischen Reitweise entschieden, einen guten Stall und einen guten Lehrer gefunden und führst nun dein Pferd zum Longierzirkel. Meist finden die ersten Stunden in der Halle oder in einem so genannten Longierzirkel statt. Dieses erste Mal ist ein besonderer Moment und dein Reitlehrer begleitet dich und dein Pferd, damit du dich nicht unsicher fühlst. Auch beim Führen eines Pferdes muss man einiges beachten.

Im Longierzirkel kannst du deine ersten Erfahrungen sammeln.

Ein Pferd richtig führen

Ein Pferd führst du üblicherweise von links. Du nimmst die Zügel vom Hals und fasst sie mit einer Hand dicht hinter den Trensenringen. Mit der anderen Hand hältst du die Zügelenden. Wickle niemals die Zügel um deine Hand, denn wenn das Pferd erschrickt und wegläuft, kann es dich mitschleifen und verletzen.

Halte den Arm, mit dem du die Zügel führst, möglichst ausgestreckt, damit das Pferd dir nicht auf den Fuß tritt, wenn es einmal erschrickt und zur Seite springt.

Die Steigbügel am Sattel müssen hoch geschoben und die Riemen durch die Bügel geführt werden, damit sie sich nirgends verfangen können. Halte, wenn möglich, einen Sicherheitsabstand zu anderen Pferden ein und sprich mit deinem Pferd. Wenn es zu sehr nach vorne drängt, zieh die Zügel kurz nach hinten. Bleibt es stehen, kannst du es mit dem Kommando »Scheeritt« oder durch ein leises Schnalzen wieder in Bewegung bringen.

Aufsitzen

Zum Aufsitzen stellst du dich in Sattelhöhe auf die linke Seite des Pferdes und schaust in Richtung Pferdekopf. Du steigst mit dem linken Bein in den Steigbügel und hältst dich mit beiden Händen am Sattel fest. Dann ziehst du dich hoch, neigst dich ein wenig vornüber und schwingst dein rechtes Bein über den Pferderücken. Gut ist, wenn jemand auf der rechten Seite des Pferdes dein Gewicht ausgleichen kann, indem er den Steigbügelriemen nach unten zieht. Man nennt das »Gegenhalten«.

Am Anfang wird dich auf jeden Fall jemand unterstützen und das Pferd halten, denn sonst müsstest du beim Aufsteigen auch noch die Zügel in die Hand nehmen, damit das Pferd nicht vorwärts tritt. Wenn du zu klein bist, dann wird dir der Reitlehrer helfen, indem er dich an dei-

Zum Führen hältst du die Leine mit beiden Händen.

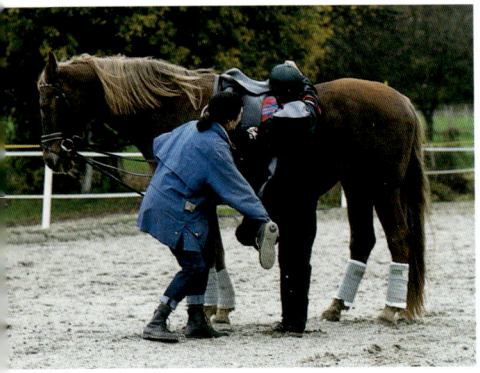

Zum Aufsitzen winkelst du dein linkes Knie ab und hältst dich mit beiden Händen am Sattel fest.

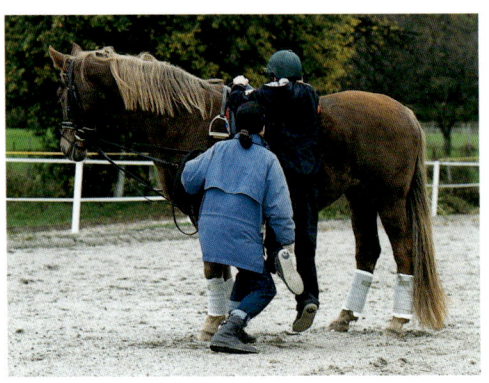

Die Reitlehrerin hilft, auf Kommando hochzuspringen.

Du ziehst dich mit Schwung nach oben. Die Reitlehrerin unterstützt dich dabei.

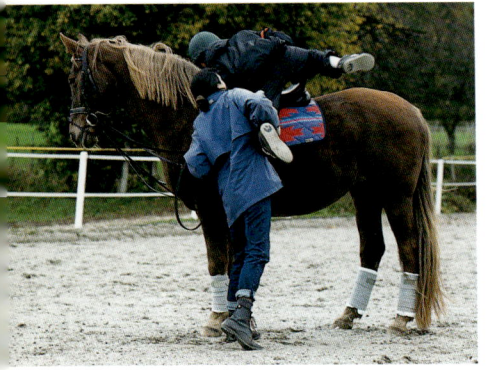

Du beugst dich weit nach vorne ...

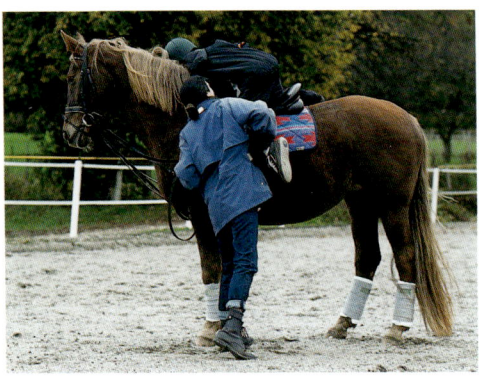

... und lässt dein rechtes Bein auf die rechte Seite des Pferdes gleiten.

Es ist geschafft – du sitzt oben. Versuche, ins Gleichgewicht zu kommen.

ten, hat der Lehrer eine Gerte in der Hand. An der Longe kannst du dich auf dich konzentrieren. Du kannst in Ruhe dein Gleichgewichtsgefühl trainieren, den korrekten Sitz üben und lernst, deine Bewegungen mit denen des Pferdes in Einklang zu bringen. Du lernst außerdem, Übergänge von einer Gangart in eine andere ohne nem abgewinkelten linken Knie hochhebt. Und du holst mit dem anderen Bein kräftig Schwung.

Bist du oben angekommen, dann lass dich nicht einfach in den Sattel plumpsen, sondern gleite möglichst sanft hinein, damit das Pferd keinen Stoß in den Rücken bekommt.

Wie sieht eine Longenstunde aus?

Jetzt sitzt du auf dem Pferd und der Lehrer führt dich an der Longe. Die Longe ist eine ungefähr sieben Meter lange Leine. Der Lehrer lässt das Pferd in einem Kreis um sich herum gehen. Um das Pferd in Gang zu halten,

Longen-Zubehör: eine lange Gerte und die Longe, eine ungefähr 7 Meter lange Leine.

Zügel, nur mit Hilfe des Gewichts und der Veränderung des Atmens, zu reiten.

So lernst du richtig sitzen

Dort, wo du auf deinem Sattel sitzen sollst, ist der Schwerpunkt des Pferdes. Das heißt, du musst deinen Schwerpunkt auf dem Schwerpunkt des Pferdes aufbauen. Nur so kann das Pferd sein Gleichgewicht gut halten. Deshalb ist der korrekte Sitz des Reiters so wichtig. Der Reitlehrer wird dir helfen, deinen Sitz richtig aufzubauen. Das kann so aussehen:

Du sitzt auf dem Pferd und lässt deine Beine lang nach unten hängen. Wenn du auf deinen Pobacken etwas nach links und nach rechts wippst, spürst du die beiden Knochen, auf denen du sitzt. Drückt der Sattel mehr auf einen der beiden Knochen, dann bist du nicht in der Mitte. Teste aus, wann der Druck auf beide Knochen gleich verteilt ist, dann ist es richtig.

So wirst du sitzen lernen: in der Mitte des Sattels und gerade aufgerichtet.

Deine Oberschenkel liegen fest am Sattel an. Du streckst sie, indem du deine Hüften etwas vorschiebst. Deine Beine werden ganz lang. Stell dir vor, sie reichen bis zum Boden. Die Innenseite deiner Knie liegen ebenfalls am Sattel. Die Unterschenkel legst du etwas hinter dem Sattelgurt leicht an den Pferdebauch an. Du dehnst die Unterschenkel nach unten bis zu den Fersen. Dann nimmst du die Fußspitzen etwas hoch.

Die Unterschenkel liegen leicht am Pferdebauch an, die Fußspitzen zeigen nach oben.

Nun baust du von deinen Sitzknochen aus ein »Türmchen« nach oben auf. Dein Becken, Brustkorb und Kopf sind das »Türmchen«. Sie sind senkrecht nach oben aufgerichtet, als ob sie von oben gezogen würden. Dein Rücken streckt sich und dein Kopf sitzt entspannt auf der Halswirbelsäule. Deine Schultern sind locker, die Arme hängen nach unten.

So wirst du locker

Zunächst geht es darum, locker auf dem Pferd zu sitzen. Dein Lehrer wird dir sagen, wie du das machst und dich auch korrigieren. Es gibt dafür bestimmte Übungen.

Mein Tipp für dich

Damit du dich beim Üben des richtigen Sitzes besser überprüfen kannst, nenne ich dir einige häufige Fehler, die du unbedingt vermeiden solltest. Dazu gehören:

▸ das Hochziehen der Oberschenkel und das Festklammern mit den Knien am Sattel,

▸ nach auswärts gedrehte Knie, die die Verbindung der Beine mit dem Pferd unterbrechen,

▸ das Wegstrecken der Unterschenkel mit nach unten gerichteten Fußspitzen,

▸ das Einknicken in der Hüfte oder ein Hohlkreuz, wodurch du nicht mehr auf den Sitzknochen, sondern vorwiegend auf den Oberschenkeln sitzt,

▸ ein runder Rücken, denn damit fällst du nach vorne und sitzt nicht mehr senkrecht,

▸ der Blick nach unten, denn dadurch verlagerst du dein Gleichgewicht. Eine gute Hilfe ist, zwischen den Pferdeohren durchzusehen.

Drehe deinen Kopf nach rechts und links. Die Augen gehen mit.

Beuge dich mit dem Oberkörper nach vorne. Die Beine bleiben am Sattelgurt.

Beuge dich nach hinten. Die Beine rutschen nicht vor.

Strecke die Arme im Wechsel hoch in die Luft.

Halte beide Arme gleichzeitig waagrecht und schau nach vorne.

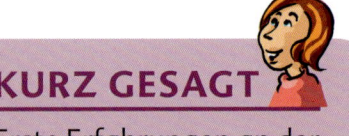

Drehe Oberkörper und Kopf mit den ausgestreckten Armen nach rechts und links.

KURZ GESAGT

Erste Erfahrungen an der Longe:

▸ Die Longe ist eine lange Leine, mit der der Reitlehrer dein Pferd im Kreis herum führt.

▸ In den Longestunden lernst du, dein Gleichgewicht auf dem Pferd zu finden.

▸ Du übst, richtig zu sitzen.

▸ Lockerungsübungen helfen dir dabei.

Die oben stehenden Abbildungen zeigen dir einige solcher Übungen, um locker zu werden. Versuche zu spüren, wie du dabei sitzt. Du wirst feststellen, dass auch kleine Veränderungen im Oberkörper bis zu deinem Gesäß auf dem Sattel durchlaufen. Das heißt, durch den Sattel spürt auch das Pferd auf seinem Rücken diese Veränderungen. Solche Übungen dienen dazu, deine Wahrnehmung zu schulen. Dieses Gespür wirst du später zum Reiten brauchen.

Die verschiedenen Gangarten

Schritt

Die Gangarten unterscheiden sich durch verschiedene Folgen des Auffußens der Pferdebeine auf dem Boden. Dieses Gleichmaß der jeweiligen Bewegungsfolgen nennt man Takt. Innerhalb der jeweiligen Gangarten unterscheidet man auch noch den Grad der Versammlung und die Länge der Schritte, Tritte oder Sprünge. Diese verschiedenen Gangmaße nennt man Tempi. Aber für dich als Anfänger geht es zunächst nur um Schritt, Trab und Galopp.

Der Schritt ist ein so genannter Viertakt. Wenn du diesen Takt mitzählst, dann zählst du eins-zwei-drei-vier und dann wieder von vorn. Es ist eine schwunglose Gangart. Um das Pferd im Schritt voranzutreiben, übst du abwechselnd mit dem rechten und linken Schenkel, im Rhythmus der Schritte, einen leichten Druck gegen den Pferdekörper aus.

Schritt zu üben, ist an der Longe sehr gut möglich. Du wirst erst einmal den Rhythmus unter dir spüren lernen, die gleichmäßige Bewegung deines Pferdes. Dein Körper wird davon vor- und zurückbewegt. Du lässt dich tragen und versuchst, mit der Bewegung des Pferdes mitzugehen. Du lernst dabei, gerade zu sitzen, die Schultern locker zu lassen und die Beine am Pferdebauch anzulegen. Du wirst feststellen, dass der Schritt eine sehr angenehme Gangart ist, die Ruhe vermittelt. Die fremden Bewegungen werden dir allmählich vertrauter. Dein Gleichgewichtsge-fühl wird sich verbessern, so dass du dich mit der Zeit besser in der Mitte halten kannst.

Der Schritt, genannt Mittelschritt, ist langsam und schreitend. Später wirst du noch andere Schrittarten kennen lernen: den versammelten Schritt und den starken Schritt.

Leichttraben

Wenn du dich an die Höhe und die Bewegungen das Pferdes gewöhnt hast, wirst du traben dürfen. Der Trab ist eine Bewegung im Zweitakt, wobei jeweils das diagonale Beinpaar zur gleichen Zeit vortritt. Wenn du mitzählst, dann zählst du eins – zwei, eins – zwei.

Beim Leichttraben stehst du abwechselnd aus dem Sattel auf und lässt dich wieder hineingleiten. Zwischen dem abwechselnden Auffußen von je zwei Pferdebeinen entwickelt sich Schwung, der dich ein bisschen aus dem Sattel hebt. Du musst erst lernen, diesen Schwung mit deinem Körper aufzufangen und in die richtige Bewegung umzusetzen.

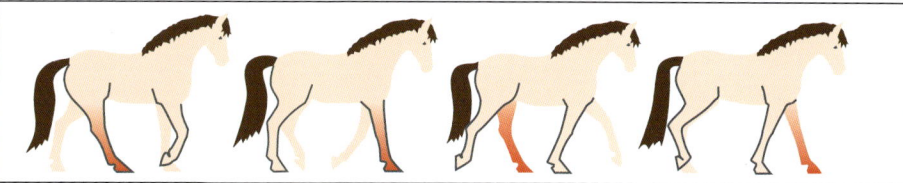

Fußfolge im Schritt: hinten rechts – vorne rechts – hinten links – vorne links.

Fußfolge im Trab: hinten links und vorne rechts – hinten rechts und vorne links.

Im Trab an der Longe: die innere Schulter des Pferdes geht vor.

Du hast dich hoch werfen lassen und stehst in den Steigbügeln.

Du sitzt wieder ein und gleich wirst du wieder hoch geworfen.

Mein Tipp für dich

Das Auf- und Absitzen beim Leichttraben auf die Bewegungen des Pferdes abzustimmen, ist reine Übungssache. Anfangs wirst du dich noch vorne am Sattel festhalten müssen, damit du den Schwung nach oben begrenzen lernst und nach unten nicht zu sehr in den Sattel hineinplumpst, denn das tut dem Pferd weh. Eine gute Übung ist, anderen Reitern beim Leichttraben zuzuschauen und die Gleichzeitigkeit der Bewegungen der Pferdebeine mit den Bewegungen des Reiters zu vergleichen. So bekommst du ein besseres Gespür für den Rhythmus.

Jedes Mal, wenn sich die innere Schulter deines Pferdes nach vorne bewegt, stehst du auf. Du solltest nur so weit in die Steigbügel hineinschlüpfen, dass dein Fußballen auf den Bügeln liegt. Wenn der Schwung nach oben kommt, also bei »eins« (das linke vordere und das rechte hintere Pferdebein treten vor), stehst du auf und trittst dabei fest in die Steigbügel. Bei »zwei« gleitest du wieder in den Sattel zurück. Wenn du es richtig machst, dann setzt du dich in dem Moment hin, wenn der rechte oder linke Hinterfuß »auffußt«, also auf den Boden kommt. Wenn dir dein Lehrer »umsitzen« zuruft, dann musst du einen Tritt lang sitzen bleiben, weil du auf dem falschen Fuß getrabt bist.

Du treibst das Pferd im Trab, indem du bei jedem Trabtritt beide Unterschenkel gleichzeitig an den Pferdebauch drückst. Normalerweise reitest du im Arbeitstrab. Schwierigere Lektionen sind Mitteltrab, starker Trab und versammelter Trab.

Aussitzen

Später wirst du bei den Trabbewegungen auch sitzen bleiben und die Bewegungen mit deinem Gesäß auffangen können. Du schwingst praktisch bei den einzelnen Taktschritten (eins – zwei, eins – zwei) mit deiner Hüfte mit. Das nennt man dann »Aussitzen«. Jetzt geht es darum, die Auf- und Abbewegung in ein Vor und Zurück mit dem Gesäß im richtigen Rhythmus auszuführen. Anfangs wirst du dich noch mit einer Hand oder mit beiden Händen vorne am Sattel festhalten müssen. Es braucht schon einige Zeit, bis der Bewegungsablauf in Fleisch und Blut übergeht.

Galopp

Dann kommt der langersehnte Galopp! Der große Traum von Freiheit und Abenteuer! Dieser Traum fängt erst einmal recht verwirrend an. Der Galopp ist eine sehr schwungvolle Gangart, deshalb solltest du erst galoppieren, wenn du dein Gleichgewicht im Sattel einigermaßen gefunden hast. Wenn du mit dem Takt mitzählst, dann zählst du »eins-zwei-drei, eins-zwei-drei« und du schwingst in diesem Dreitakt mit.

Halte dich mit beiden Händen an der Sattelkammer vorne fest und ziehe dich regelrecht in den Sattel hinein. So wirst du feststellen, dass du mit dem Gesäß die Bewegung des Pferdes mitmachen kannst. Der Oberkörper bleibt dabei ruhig und aufrecht. Mit deinem Gesäß machst du die Bewegungen deines Pferdes im Sattel mit. Man bezeichnet das auch als »den Sattel auswischen«. Zunächst wirst du wahrscheinlich dabei ein wenig aus dem Sattel kommen oder nach hinten fallen, aber nach einer Weile wird es besser gehen.

Um nicht nach außen geschleudert zu werden, streckst du dein inneres Bein lang nach unten und mit dem äußeren Bein rutschst du ein Stückchen nach hinten.

Im Galopp kannst du hohes Tempo erreichen. Du hältst das Pferd im Galopp, indem du bei jedem Galoppsprung mit dem inneren Bein gegen den Pferdebauch drückst. Sobald du

damit aufhörst und sitzen bleibst, fällt ein gut gerittenes Pferd in die niedrigere Gangart, den Trab. Das bezeichnet man dann als Parade vom Galopp zum Trab.

Rechtsgalopp und Linksgalopp

Beim Galopp greift entweder das rechte oder das linke Vorderbein weiter nach vorne, je nachdem, ob du im Rechts- oder im Linksgalopp reitest. Nehmen wir an, du galoppierst an der Longe rechts herum, dann muss das rechte, innere Vorderbein des Pferdes weiter vorgreifen. So bist du im Rechtsgalopp. Galoppierst du links herum, dann soll das linke, innere Vorderbein weiter vorgreifen. Das ist der Linksgalopp.

Als Anfänger reitest du im Arbeitsgalopp. Schwierigere Lektionen sind Mittelgalopp, starker Galopp, versammelter Galopp und Außengalopp.

Fußfolge im Rechtsgalopp: hinten links – hinten rechts und vorne links – vorne rechts – Schwungphase.

KURZ GESAGT

Die verschiedenen Gangarten:

▶ Schritt: Viertakt. Mit den Bewegungen des Pferdes mitgehen lernen.
▶ Leichttraben: Im Zweitakt aufstehen und wieder hinsetzen.
▶ Sitzenbleiben heißt den Trab »aussitzen«.
▶ Galopp: Dreitakt. Das Gesäß geht mit den Bewegungen des Pferdes mit.

Auch beim Galopp hältst du dich mit beiden Händen an der Sattelkammer fest.

Beim Rechtsgalopp greift das rechte Vorderbein weiter nach vorne.

Bei so viel Schwung fällt der Oberkörper am Anfang zu weit nach hinten.

Hilfengebung

Zügelunabhängig reiten

Bis hierher hat dein Pferd die Kommandos »Schritt«, »Trab«, »Galopp« oder »Halt« vom Lehrer bekommen. Wenn du dann dein Gleichgewicht besser halten kannst und deine Bewegungen harmonischer geworden

So liegen die Unterschenkel leicht am Pferdebauch.

Beim Treiben drückst du vermehrt mit den Unterschenkeln an den Pferdebauch.

sind, wirst du auch lernen, wie du ohne Zügel das Pferd selbst parieren kannst: Durch Sitzenbleiben und leichtes Vorschieben des Beckens (Kreuz anspannen) und beiderseitigem, gleichmäßigem Schenkeldruck geht das Pferd in die niedrigere Gangart, zum Beispiel vom Galopp in den Trab oder vom Trab in den Schritt. Im Idealfall brauchst du dabei gar keine annehmende oder verhaltende Zügelhilfe.

Anreiten

Zum Anreiten brauchst du Kreuz und Schenkel. Sitze aufrecht, drücke

deine Sitzknochen in den Sattel, schieb dein Becken nach vorn, um das Pferd vorwärts zu bringen und presse deine Unterschenkel an den Pferdebauch. Treibe im Rhythmus abwechselnd mit dem rechten und mit dem linken Unterschenkel.

Wenn du zum Halten durchparieren willst, machst du dich schwer im Sattel (Ausatmen) und schiebst das Becken leicht vor. Die Beine liegen ruhig am Pferdebauch.

Vom Schritt in den Trab

Sitze aufrecht, spanne dein Kreuz an und schiebe das Pferd durch die Bewegung mit deiner Hüfte nach vorne. Drücke deine Unterschenkel einmal fest an den Pferdebauch, dann fängt das Pferd an zu traben. Wie gerade beschrieben, stehst du beim Leichttraben auf und sitzt wieder ab. Achte dabei darauf, dass du »auf dem richtigen Fuß« trabst. Treibe mit beiden Unterschenkeln gleichzeitig.

Zum Wechsel in den Schritt gehst du über zum Aussitzen, machst dich wieder schwer im Sattel (Ausatmen) und lässt deine Unterschenkel am Pferdebauch liegen.

Vom Trab in den Galopp

Gehe vom Leichttraben in Aussitzen über, belaste den inneren Sitzknochen etwas mehr, drücke mit deinem inneren Unterschenkel gegen den Pferdebauch und nimm das äußere Bein etwas zurück.

Mein Tipp für dich

Das Atmen spielt beim Durchparieren eine wichtige Rolle. Die erfahrene Reiterin und bekannte Autorin Linda Tellington-Jones führt dazu in ihrem Buch »Die Linda Tellington-Jones Reitschule« (Kosmos Verlag 2003, Seite 88) einige Übungen auf.

Mit dieser Übung kannst du lernen, Kreuz und Bauchmuskeln anzuspannen.

Wippe auf einem Hocker mit der Kraft deiner Bauch- und Rückenmuskeln vor und zurück.

Der Oberkörper bleibt aufrecht, Hals, Schultern und Arme sind locker.

Ist dein Pferd angaloppiert, treibst du weiter bei jedem Galoppsprung mit dem inneren Schenkel und lässt das äußere Bein etwas hinter dem Sattelgurt liegen.

Um vom Galopp in den Trab zu parieren, bleibst du sitzen, spannst dein Kreuz an (Ausatmen), nimmst beide Beine wieder parallel und treibst auf beiden Seiten gleichzeitig.

Die Zügel in der Hand

Bald bist du in allen Gangarten »erfahren« und bekommst die Zügel in die Hand. Das ist wieder eine neue Erfahrung. Die Zügel sind dazu da, um eine Verbindung zum Pferdemaul herzustellen. Mit den Zügeln kannst du einseitig oder beidseitig nachgeben, sie annehmen oder passiv durchhalten. Du kannst mit ihnen die Richtung angeben, in die es gehen soll. Die Zügeleinwirkung unterstützt die anderen Hilfen, die aber deutlichen Vorrang haben. Wichtig ist, dass du deine Arme und Hände schon ruhig halten kannst, damit die Zügel nicht herumschlackern und das Pferd nicht dauernd im Maul »zupfen«.

Zügel aufnehmen: Du führst den Zügel außen über den kleinen Finger unter die Hand.

Du schließt die Finger zur Faust und führst den Zügel am Daumen vorbei.

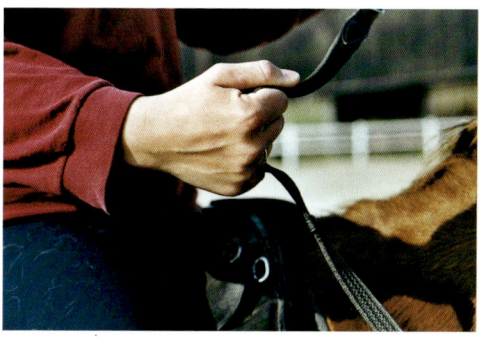

Den Daumen setzt du wie ein Dach auf die Finger mit dem Zügel.

Du stellst die Faust auf und ziehst den Zügel nach.

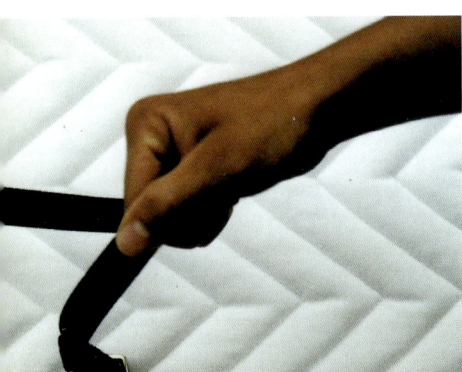

Das ist die normale Zügelhaltung von oben gesehen.

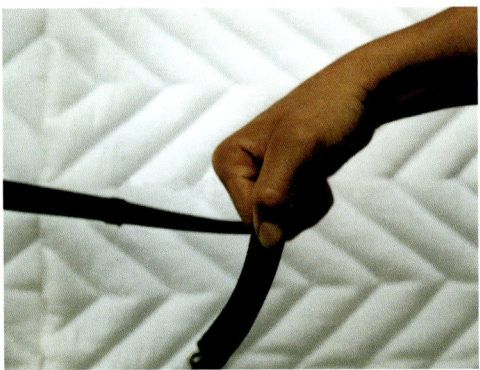

Halbe Parade: Du drehst die Faust ein bisschen nach innen und dann wieder in Ausgangsposition.

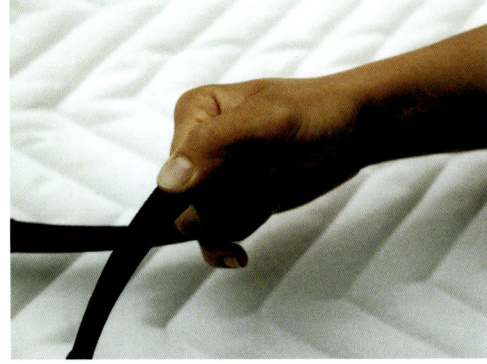

Nachgeben: Du »öffnest« nur den kleinen Finger, dadurch verlängert sich der Zügel etwas.

Du und dein Pferd

Eine »annehmende Zügelhilfe« soll dem Pferd im Maul nicht weh tun und darf von ihm nicht als Bestrafung empfunden werden. Sie soll lediglich seine Aufmerksamkeit für einen Gangartwechsel schärfen. Wichtig ist daher, dass dem Annehmen sofort ein Nachgeben folgt. Die »nachgebende Zügelhilfe« ist eigentlich der wichtigere Teil der halben Parade. Wenn du nur annimmst, verspannt sich das Pferd und macht seine Arbeit nicht mehr gerne.

Und so nimmst du die Zügel auf: Du nimmst erst den einen Zügel und führst ihn außen über den kleinen Finger, dann unter den nächsten drei Fingern durch, bis er zwischen Zeigefinger und Daumen wieder nach oben geführt wird. Den Daumen legst du dann über den Zügel und den Zeigefinger. Die Hand ist aufgestellt, das heißt, der Daumen zeigt nach oben. Dasselbe machst du dann mit dem anderen Zügel.

Du ziehst dann beide Zügel durch deine Hände, bis jeweils eine gerade Linie bis zum Pferdemaul entsteht. Das ist die richtige Zügelhaltung. Am Anfang wirst du die Zügel noch etwas länger lassen, bis du gelernt hast, deine Arme und Hände unter Kontrolle zu bekommen.

Halbe Paraden

Damit dein Pferd von einer höheren in eine niedrigere Gangart geht, etwa vom Trab zum Schritt, braucht es deine »Hilfen«. Wie du diese Hilfen gleichzeitig mit Schenkeln und Gesäß einsetzt, hast du schon gelesen.

Vorher zeigst du deinem Pferd aber an, dass nun etwas anderes kommt und zwar mit einer halben Parade. Diese halbe Parade sagt dem Pferd: »Achtung, pass auf, jetzt verändern wir etwas!«

Für eine halbe Parade stellst du deine Hände mit den Zügeln aufrecht, das heißt, die Daumen liegen wie ein Dach auf den Zügeln und dem Zeigefinger. Die Hände sind auf gleicher Höhe rechts und links vom Mähnenkamm. Zur Ausführung einer halben Parade drehst du die äußere Faust etwas nach innen, dadurch verkürzt sich der Abstand des Zügels zum Pferdemaul und das Pferd merkt auf. Man nennt das eine »annehmende Hilfe«.

Das heißt keinesfalls, am Zügel zu ziehen, sondern wirklich nur, den Zügel um einige Millimeter zu verkürzen. Sofort danach gibst du wieder nach, indem du die Faust auf die ursprüngliche Lage ausdrehst und mit deiner Hand ein kleines bisschen nach vorne gehst. Das nennt man eine »nachgebende Zügelhilfe. Später wirst du lernen, wie du beim Nachgeben nur den kleinen Finger öffnest und dadurch den Zügel verlängerst.

Ganze Paraden

Eine ganze Parade besteht aus mehreren halben Paraden nacheinander. Sie wird nur auf geraden Linien gegeben und soll das Pferd aus allen Gangarten heraus zum Stehen bringen. Wenn du also vom Schritt zum Halt parieren willst, kannst du zusammen mit den Schenkel- und Kreuzhilfen eine ganze Parade geben. Auch hier ist es sehr wichtig, sofort danach nachzugeben. In der Reitersprache heißt das, »mit der Hand leicht werden«. Die Parade vom Trab oder Galopp zum Halt ist etwas für fortgeschrittene Reiter.

Gerte

Die Gerte ist eine Unterstützung für die Arbeit deiner Beine. Sie soll dort, wo deine Kraft nicht reicht, einen nachhaltigen Impuls geben. Die Gerte hältst du in der inneren Hand, sie liegt auf deinem Knie auf. Du kannst aber die Gerte erst dann benutzen, wenn du im Gleichgewicht sitzt und deine Arme und Hände unter Kontrolle hast. Sonst ziehst du dem Pferd im Maul, weil du unwillkürlich bei der Benutzung der Gerte mit deiner Hand zurückgehst. Musst du in seltenen Fällen die Gerte einsetzen, dann muss diese Strafe unmittelbar nach der »Untat« erfolgen. Du solltest in jedem Fall darauf achten, dass du dein Pferd mit der Gerte nicht für et-

Zum Absteigen gehst du erst aus den Steigbügeln heraus und beugst dich weit vor.

Dann schwingst du dein linkes Bein hinten übers Pferd auf die rechte Seite.

was bestrafst, wofür du selbst die Schuld trägst.

Alle absitzen

Ich stelle mir jetzt vor, dass du eine schöne Unterrichtsstunde genossen hast. Dann kommt das Kommando »Absitzen«. Und das geht so:

Erst steigst du aus beiden Steigbügeln heraus. Du beugst deinen Oberkörper nach vorne, hältst dich an der Sattelkammer oder am Sattelknauf fest und schwingst dein linkes Bein hinten über das Pferd auf die rechte Seite. Nun musst du nur noch abspringen. Die Zügel behältst du locker in deiner rechten Hand, damit dir dann, wenn du am Boden stehst, dein Pferd nicht weglaufen kann.

Die Zügel hältst du in der rechten Hand fest, damit dein Pferd nicht weglaufen kann.

KURZ GESAGT

Die Hilfengebung besteht aus:
► dem richtigen Sitz,
► Zügelhilfen,
► vorbereitenden Paraden, die das Pferd aufmerksam machen sollen,
► Kreuz- und Schenkelhilfen, die das Pferd treiben oder bremsen.

In der Gruppe ist es lustig

Pferdeleute verstehen sich

Du hast vielleicht auch schon festgestellt, dass Pferdeleute sich stundenlang über ihre Erlebnisse mit Pferden unterhalten können, ohne dass es ihnen langweilig wird. Das geht meist nur mit Menschen, deren Herz den Pferden gehört. Andere Menschen interessieren sich nicht so sehr dafür. Das kann man verstehen, denn für sie bedeuten die wunderbaren Augenblicke, wenn zum Beispiel dein Pferd seinen Kopf auf deine Schulter legt oder es voller Freude im Wasser spielt, nicht dasselbe wie für dich.

Pferdebegeisterte können sich stundenlang über ihre Erlebnisse mit ihren Lieblingen unterhalten.

Gemeinsam lernen und lachen

In vielen Ställen gibt es Reitstunden, in denen Ponys, Kleinpferde und Großpferde bunt gemischt antreten und auf ihrer jeweiligen Entwicklungsstufe ihre weitere Ausbildung erfahren. Da es sich um eine richtige Gruppe handelt, in der jeder Reiter spezielle Hinweise vom Reitlehrer bekommt, wirst du in solchen Stunden viel erfahren. Wenn du bei den anderen genau zuhörst, kannst du viel mitnehmen, was auch für dich zutrifft. So lernst du schneller und besser, als wenn du nur alleine reitest.

In solchen Unterrichtsstunden gibt es auch meistens etwas zu lachen. Hinterher kann dann darüber geplaudert werden, was schön war, was schwer war und was überhaupt noch nicht gelingen wollte.

Im Wasser zu planschen ist für viele Pferde das Höchste.

Unfreiwillig absteigen

Sobald du mit anderen Reitern auf dem Platz oder in der Halle reitest, ist natürlich auch viel mehr »Action«. Nicht alle Reiter haben ihre Pferde unter Kontrolle. Hin und wieder passiert es, dass einer von euch unfreiwillig vom Pferd absteigt.

Wenn du selbst heruntergefallen bist, dann steigst du möglichst gleich wieder auf. Voraussetzung ist natürlich, dass du und dein Pferd unverletzt geblieben seid. Wenn du gleich wieder aufsitzt, kommst du am besten über den Schreck hinweg.

Den anderen helfen

Bei einem Sturz parieren alle anderen Reiter möglichst rasch in den Schritt. Sie versuchen, ihre Pferde ruhig zu halten und die Situation zu kontrollieren. Sonst gibt es möglicherweise ein großes Durcheinander. Wenn ein Reitlehrer da ist, wird er dir sofort helfen. Wenn aber nicht, dann sollten zwei Reiter von ihren Pferden absteigen: einer, der die beiden Pferde halten kann und einer, der dir hilft.

Ursachenforschung betreiben

Es ist wichtig zu überlegen, warum es so weit gekommen ist und ob du dich falsch verhalten hast. Vielleicht ist das Pferd durch irgendetwas erschrocken und wild davongestürmt. Auch falsche und schmerzhafte Hilfen können das Pferd so unwillig machen, dass es sich davon befreien will. Oder bist du geladen und voller Ärger aufs Pferd gestiegen? Unwillkürlich verspannst du dann deine Muskeln und das ist unangenehm für das Pferd.

Das Leittier sein

Pferde haben, wie Menschen, unterschiedliche Temperamente. So manches Pferd ist intelligent und erfahren genug, dass es die Lage des Schwächeren ausnützt und dann eben einen Reiter auch einmal abwirft. Gerade aus diesem Grunde musst du lernen, der Stärkere zu werden. Mit Körperkraft allein erreichst du das beim Pferd allerdings nicht. Vielmehr musst du Techniken lernen, die dem Pferd das Gefühl vermitteln, dass du das Leittier bist.

Später, wenn du ins Freie gehst, wirst du sehr davon profitieren, wenn

Der Schirm wird genau untersucht, scheint aber nicht »gefährlich« zu sein.

dich dein Pferd als Leittier akzeptiert. Dann wird es seine natürliche Angst verlieren und sich von dir überzeugen lassen, an wehenden Bändern vorbeizugehen oder sich einen Schirm auch einmal aus der Nähe anzuschauen. Es wird dir vertrauen und die Führung an dich abgeben. Auch wenn es Angst hat, weiß es, da oben sitzt jemand, der weiß, was er tut.

Weißt du's? Teste dein Wissen

1 Westernreiten heißt
   a) auf einem Westernpferd zu reiten, ohne eine reiterliche Ausbildung zu benötigen.
   b) eine Art zu reiten, die ihren Ursprung in der Arbeit der Cowboys mit Rindern hat.
   c) möglichst zackige Sporen und einen Cowboyhut zu tragen.

2 An der Longe lernst du
   a) sicher zu werden im Sattel, den richtigen Sitz und korrekte Hilfengebung.
   b) gegen die Bewegung des Pferdes zu arbeiten.
   c) dass es mit Zügeln leichter geht.

3 Leichttraben ist eine Gangart,
   a) bei der du gemütlich sitzen und ausruhen kannst.
   b) bei der du dich am Zügel festhalten musst.
   c) bei der du im Zweitakt aufstehst und dich wieder setzt.

4 Hilfen sind
   a) dazu da, dass jemand kommt und dir hilft.
   b) der Einsatz von Schenkeln, Kreuz und Paraden.
   c) Lockerungsübungen auf dem Pferd.

5 In der Gruppe
   a) kann man den neuesten Tratsch aus dem Reitstall austauschen.
   b) kann man viel voneinander lernen und sich gut unterstützen.
   c) kümmert man sich nur um die, die man auch nett findet.

6 Nach einem Sturz
   a) brichst du die Stunde sofort ab.
   b) tauschst du dein Pferd gegen ein anderes aus.
   c) sitzt du sofort wieder auf und denkst hinterher über die Ursachen nach.

Richtig: 1b, 2a, 3c, 4b, 5b, 6c

Endlich ist es so weit

11 Endlich ist es so weit

Du hast Fortschritte gemacht und darfst schon alleine reiten. Das ist eine große Verantwortung, der du dich mit Verstand stellen solltest. Dazu gehört zum Beispiel die Überlegung, wie du eine Reitstunde sinnvoll planst. Eine Anleitung dazu findest du in diesem Kapitel. Und du musst einige Fachausdrücke kennen, mit denen Reiter sich unterhalten.

Grundsätzlich übst du, wenn du alleine reitest, nur Lektionen, die du schon gelernt hast. Um etwas Neues zu lernen, brauchst du einen Lehrer. Wie immer stellst du alles, was du tust, unter das Motto »pferdegerechtes Handeln«. Dabei macht es keinen Unterschied, ob es sich um dein eigenes oder um ein Schulpferd handelt.

Eine Reithalle hat Regeln

Hallenregeln

Ob du in einer Unterrichtsstunde reitest oder für dich allein, es gibt immer bestimmte Regeln zu beachten. Das sind wie im Straßenverkehr Regeln, die zum Beispiel besagen, wer Vorfahrt hat. Meist werden sie als »Hallenregeln« bezeichnet und sind irgendwo im Reitstall angeschlagen. In allen Reitställen sind dies mehr oder weniger dieselben Regeln.

Tür frei?

Immer wenn du die Reitbahn betreten willst, bleibst du am Eingang stehen und fragst die Reiter laut und deutlich: »Tür frei?«. Ganz egal, ob eine Türe da ist oder nicht. Du wartest dann die Antwort: »Türe ist frei« ab und dann kannst du mit deinem Pferd in die Bahn.

Wenn du nach der Reitstunde die Halle wieder verlassen möchtest, steigst du ab und fragst wieder: »Tür frei?«. Dann wissen die übrigen Reiter, dass du wartest und nehmen Rücksicht. Wenn der Weg frei ist, bekommst du die Antwort: »Tür ist frei« und du kannst dein Pferd zügig hinaus führen.

Zum Auf- und Absteigen stellst du dein Pferd in der Mitte der Halle auf, wo du niemandem im Weg bist.

Größe und Bezeichnungen

Der Reitplatz und die Reithalle sind normalerweise rechteckig mit zwei kurzen und zwei langen Seiten. Die übliche Größe ist entweder 20 x 40 Meter oder 20 x 60 Meter. Die äußere Begrenzung der Reithalle heißt »Bande«. Das Gleiche gilt für den Reitplatz draußen, der auch eine äußere Begrenzung haben sollte. Innerhalb der Bande reitest du auf dem »1. Hufschlag«. Sieh dir dazu die nächste Abbildung an.

Der »2. Hufschlag« ist zirka 1,5 Meter weiter innen, der »3. Hufschlag« noch einmal 1,5 Meter weiter innen. Das Rechteck ist außen in verschiedene Buchstaben eingeteilt, die so ge-

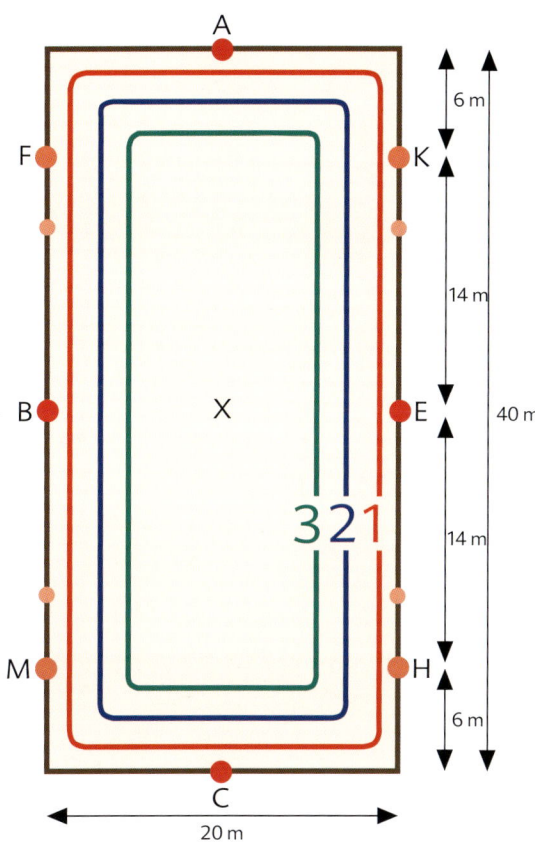

Eine Reitbahn von 20 x 40 Meter. »X« bezeichnet die Mitte.

nannten Bahnpunkte. Sie sind wichtig, um Hufschlagfiguren korrekt reiten zu können. Diese Bahnpunkte haben immer dieselben Abstände voneinander. In der Mitte der kurzen Seiten befinden sich die Bahnpunkte A und C, in der Mitte der langen Seiten B und E. In der Mitte der gesamten Reitbahn ist X.

Wer weicht wem aus?

Ist deine linke Hand innen, das heißt, in Richtung Bahnmitte, dann reitest du links herum und somit »auf der linken Hand«. Ist deine rechte Hand innen, dann reitest du rechts herum, also »auf der rechten Hand«.

Wenn du auf der linken Hand reitest, hast du Vorfahrt. Du darfst also an dem Hufschlag, auf dem du gerade reitest, bleiben. Der Reiter, der dir entgegenkommt, muss auf den nächstinneren, den 2. Hufschlag, ausweichen.

Wenn du auf der rechten Hand reitest und dir ein Reiter entgegenkommt, musst du auf den nächstinneren Hufschlag ausweichen.

Einfach ausgedrückt heißt die Regel: die linken Hände begegnen sich. Zur Verdeutlichung kannst du dir dazu die nächste Abbildung ansehen.

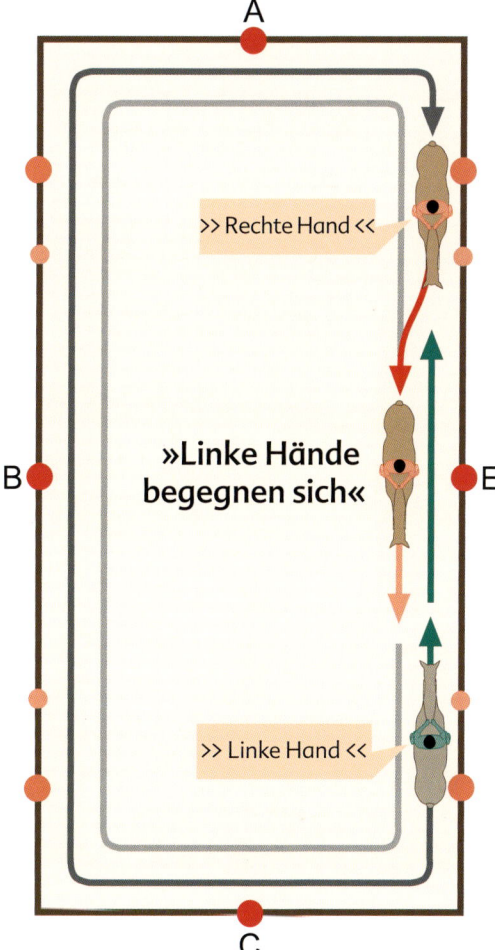

Wer auf der rechten Hand reitet, muss dem entgegen kommenden Reiter ausweichen.

Mein Tipp für dich

Wahrscheinlich raucht dein Kopf jetzt schon von den vielen Vorschriften und Regeln, die du zu lernen hast. Ich mache dir einen Vorschlag: Stell dir einen Platz oder eine Halle vor, vielleicht auf einem kleineren Teppich. Dann nimm zum Beispiel zwei Spieltiere, die sich am Hufschlag begegnen. Und jetzt findest du heraus, wer wem ausweichen muss. Behalte dabei immer die Regel im Kopf: die linken Hände begegnen sich.

Wer reitet wo?

Die Frage: »Wer reitet wo?«, tritt dann auf, wenn mehrere Reiter in der Reitbahn in verschiedenen Gangarten reiten. Es ist klar, dass du im Schritt die Reiter im Trab oder Galopp behinderst, wenn du auf ihrer Bahn reiten würdest. Deshalb reitest du im Schritt auf dem 2. oder 3. Hufschlag, die schnelleren Reiter reiten auf dem 1. Hufschlag.

Wenn du auf dem Zirkel reitest, dann lässt du den 1. Hufschlag für die Reiter frei, die ganze Bahn reiten. So werden Zusammenstöße vermieden, vorausgesetzt, dass alle aufpassen. Wie man Zirkel und ganze Bahn reitet, wird im Folgenden beschrieben.

Den Weg kennen — Hufschlagfiguren reiten

Was sind Hufschlagfiguren?

Es wäre für dein Pferd und dich langweilig, immer nur geradeaus zu reiten. Außerdem gehört es zur gesunden Gymnastik der Pferde, dass sie nach rechts und nach links beweglich bleiben. Es wäre aber ein heilloses Durcheinander, wenn jeder sein Pferd in irgendeine Richtung reiten würde. Um ein Chaos zu verhindern, gibt es bestimmte Linien, auf denen du reitest. Diese Linien nennt man Hufschlagfiguren.

Zirkel und ganze Bahn

Wenn du immer nur auf dem Hufschlag reitest, dann reitest du »ganze Bahn«.

Einen Zirkel kannst du auf verschiedene Weise reiten. Sieh dir dazu die Abbildung rechts an. Fängst du zum Beispiel bei A an, einen Kreis zu reiten, dann bist du auf dem »Zirkel«. Die schwarzen Punkte an der Bande sind Zirkelpunkte. Sie zeigen dir an, wo du den Hufschlag berühren musst. Dazwischen liegt die gebogene Linie. Du legst also deinen

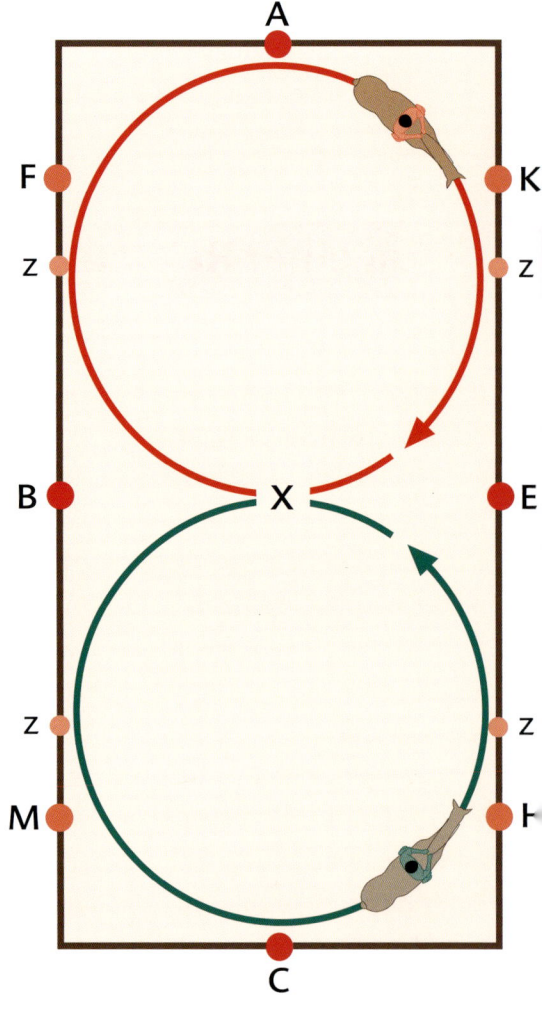

Du beginnst den Zirkel bei A oder C. Die Zirkelpunkte (=z) und das gedachte X helfen dir, einen Kreis zu reiten.

Kreis so an, dass du von A zum Zirkelpunkt, zu X, zum anderen Zirkelpunkt und wieder zu A reitest. Du kannst den Zirkel auch bei C beginnen.

Durch die Bahn wechseln

Willst du die Richtung, in die du reitest, wechseln, dann musst du »durch die Bahn wechseln«. Du hast dafür verschiedene Möglichkeiten. Jetzt reitest du zum Beispiel auf der »linken Hand«, das heißt, deine linke Hand zeigt nach innen, deine rechte Hand zur Bande. Zum Wechseln verlässt du den Hufschlag, wenn der Pferdebauch bei H ist und reitest

auf die gegenüberliegende Seite zu F. Eine andere Möglichkeit ist, von F nach H oder von H nach B zu wechseln. Das nennt man durch die halbe Bahn wechseln.

Wenn du auf der rechten Hand reitest, also deine rechte Hand innen ist, dann geht das Ganze anders herum: du reitest von K nach M, von M nach K, von K nach B. Auch dann hast du durch die halbe Bahn gewechselt.

Du kannst auch von C nach A oder von A nach C wechseln, das heißt dann »durch die Länge der Bahn wechseln«. Nach dem Wechsel musst du in Richtung rechts weiterreiten.

Mein Tipp für dich

Um einen Zirkel zu reiten oder durch die Bahn zu wechseln, muss man die Bahnpunkte im Kopf haben. Sich die einzelnen Markierungen zu merken, kann zunächst verwirrend sein. Mein Tipp ist, du machst dir eine Zeichnung mit den Bahnpunkten und malst dir auf, wie du reiten möchtest. Dann wirst du dir die Linien einfacher merken können.

Aufbau einer Reitstunde

Anfangsphase

Reite 10–15 Minuten in der Anfangsphase im Schritt. Erst reitest du auf geraden, später auch auf großen gebogenen Linien, um die Gelenke und Sehnen deines Pferdes noch zu schonen. Die Gelenkschmiere, das ist die Flüssigkeit in den Gelenken, braucht zirka 15 Minuten, um sich richtig zu verteilen. Erst dann darfst du engere Wendungen und in höheren Gangarten (Trab, Galopp) reiten.

Arbeitsphase

Übe deine Lektionen mit kleinen Zielen, die du dir vor der Stunde gesteckt hast. Was möchtest du heute erreichen? Wie willst du es erreichen? Es empfiehlt sich, nicht zu lange bei ei-

Anfangsphase: Erst reitest du Schritt auf geraden und großen gebogenen Linien.

Arbeitsphase: Übe deine Lektionen erst im Leichttraben, später im Aussitzen und im Galopp.

ner Übung zu bleiben, denn so wird es euch vielleicht bald langweilig.

Schlussphase

Zum Schluss solltest du dein Pferd noch einmal mindestens 10 Minuten im Schritt gehen lassen, damit der Kreislauf und die Atmung deines Pferdes wieder zur Ruhe kommen. Während dieser Zeit kannst du auch darüber nachdenken, wie die Stunde für dich und dein Pferd verlaufen ist. Hast du deine Ziele erreicht? Was ist gut und was ist schlecht gelaufen? Was nimmst du dir für die nächste Stunde vor?

Rechtzeitig aufhören

Man sieht oft Reiter, die sich redlich abmühen, eine bestimmte Lektion erfolgreich auszuführen. Ist sie endlich gelungen, ist die Freude oft so groß, dass sie gar nicht mehr damit aufhören wollen. Und schließlich klappt es nicht mehr. Dann wird diese Übung beim nächsten Mal wahrscheinlich sehr mühsam werden, weil sich das Pferd an das Misslingen erinnert. Es ist besser, dann mit einer Übung aufzuhören, wenn sie gelungen ist.

KURZ GESAGT

Aufbau einer Reitstunde:
- ▶ Mache dir vor dem Reiten einen Plan, was du üben willst.
- ▶ Jede Reitstunde hat drei Teile: Anfangsphase, Arbeitsphase und Schlussphase.
- ▶ Lerne und übe die »Vorfahrtsregeln«.

Reiterspiele machen Spaß

Spielen und Spaß haben

Es gibt eine Menge Reiterspiele mit und ohne Wettbewerbscharakter. Du kannst sie auf dem Pferd sitzend oder auch mit dem Pferd an der Hand spielen. Sie können hier nicht alle beschrieben werden, ich will dir nur einige zeigen, die sich für deinen Ausbildungsstand eignen und dir Spaß machen werden.

Slalomparcours

Du kannst dein Pferd durch den Slalomparcours führen oder reiten. Dazu stellst du vorher 4–6 Gegenstände (zum Beispiel Hütchen, Eimer, Plastikfässer, Blumentöpfe) im Abstand von je 3 Metern in einer Linie hintereinander auf. Wenn du Tonnen oder Fässer zur Verfügung hast, kannst du für den ersten Durchgang Leckerlis darauf legen. Dann führst du dein Pferd einmal links und dann wieder rechts um die Tonnen herum. Dein Pferd darf die Tonnen beschnuppern und die Leckerlis fressen. So verliert es die Angst und wird mit den »gefährlichen« Gegenständen, die ihm vielleicht zunächst Angst einflößen, vertraut.

Als nächstes führst du dein Pferd ohne Leckerlis durch den Parcours. Weder du noch dein Pferd dürfen die Tonnen berühren. Pass auf, dass du so neben deinem Pferd gehst, dass es dir nicht auf die Füße tritt. Wer die Tonnen berührt, bekommt einen Minuspunkt oder muss ein Pfand abliefern. Natürlich erst am Ende des Parcours.

Slalomparcours: Du reitest in gleich bleibendem Abstand um die Gegenstände.

Der nächste Schritt ist, dass du dein Pferd den Parcours auch auf dem Rückweg in Bögen um die Tonnen führst. Wenn du dich sicher fühlst, kannst du auch durch den Parcours reiten. Versuche immer die gleichen Abstände einzuhalten und schöne Bögen zu reiten.

Irrgarten

Um einen so genannten Irrgarten zu bilden, legst du sechs Stangen U-förmig gegeneinander. Der Abstand von Stange zu Stange beträgt 1,5 Meter. Durch diesen Irrgarten führst du dein Pferd. Es darf die Stangen nicht berühren. Pass auf, dass dir dein Pferd nicht auf den Fuß tritt. Ihr müsst euch beide ganz schön konzentrieren, damit ihr auf dem Weg bleibt. Natürlich können du und deine Spielkame-

Mein Tipp für dich

Ein Pferd durch einen Irrgarten, einen Slalomparcours oder über Bodenstangen zu führen, erfordert ein geschicktes Miteinander und das Mitdenken von Reiter und Pferd. Sie fördern Vertrauen und Geschicklichkeit und sind nebenbei auch gute Übungen fürs Ausreiten. Du kannst sie auch miteinander kombinieren und dein Pferd erst durch den Slalom und dann durch den Irrgarten führen. Natürlich musst du alles vorbereiten, bevor du dein Pferd dazu holst.

raden auch durch den Irrgarten reiten. Das macht die Sache schon schwerer, denn du musst von oben dein Pferd dirigieren. Für jede Berührung der Stangen muss ein Pfandstück abgeliefert werden. Wenn ihr das Spiel beendet und die Pferde versorgt habt, könnt ihr euch lustige Ideen überlegen, wie ihr die Pfandstücke wieder auslöst.

Bodenstangen-Spiel

Dazu benötigst du sechs Stangen. Du legst die Stangen im Abstand von ca. 60–80 Zentimetern parallel auf den Boden. Bei Ponys und kleineren Pferden kann der Abstand geringer

Irrgarten: Du musst genau hinschauen, wo du hinreiten willst.

Nicht aufgepasst: die Kurve wird jetzt schwierig.

sein als bei größeren. Über diese Stangen führst du dein Pferd im Schritt. Es muss sich sehr gut konzentrieren, die Abstände einzuhalten und nicht an die Stangen zu stoßen. Schwerer wird es, wenn du die Stangen näher zusammenbringst. Die Tritte deines Pferdes werden dann kürzer und erhabener.

Natürlich kannst du diese Übung auch zu Pferd durchführen. Du brauchst dazu eine weitere Person, die die Lage der Stangen verändert. Wenn ihr zu mehreren seid, dann ist es einfacher. Auch hier könnt ihr wieder ein Spiel anschließen, bei dem das Anstoßen an die Stangen oder vermehrte Tritte zwischen den Stangen durch die Abgabe eines Pfandstücks »bezahlt« werden muss.

Keine Angst vor Plastikplanen

Du kennst das Misstrauen der Pferde gegen ungewohnte Dinge. Wie wäre es mit einer Plastikplane auf dem Boden? Du befestigst sie rechts und links mit Stangen oder Hütchen und führst dein Pferd darüber. Das wird nicht so leicht sein, denn außer dass die Farbe dein Pferd argwöhnisch macht, raschelt die Plane auch noch, wenn es darauf tritt. Du kannst dein Pferd leichter »überreden«, auf die Plane zu steigen, wenn du etwas Futter darauf streust.

Vertrauen schaffen

Nach einigen Versuchen und mit gutem Zureden deinerseits wird dein Pferd bald tapfer die »gefährliche« Plane überschreiten, ohne dass du

Die Plastik-Tischdecke ist noch nicht sehr einladend.

Mal sehen, wie lange das Gleichgewicht zu halten ist, um das Futter zu erreichen.

Den ganzen Mut zusammennehmen: Dann steht der erste Huf auf der Plane.

Leckerlis oder Ähnliches darauf streuen musst. Es wird sich daran gewöhnen und dir noch mehr vertrauen. Freue dich, dass du es geschafft hast, deinem Pferd die Angst zu nehmen! Als Steigerung nimmst du die seitliche Begrenzung weg und führst dein Pferd noch einmal darüber. Wenn du dir sicher bist, kannst du schließlich auch über die Plane reiten.

Mit Spielen könnt ihr wachsen

Das sind, wie gesagt, nur einige Spiele aus den vielen Möglichkeiten. Sie können in der leichteren oder schwereren Version gespielt werden, allein oder zu mehreren. Du kannst sie auch miteinander kombinieren oder leicht verändern. Fange immer mit einfachen Übungen an und steigere sie langsam. Denn auch hier handelt es sich um »Lernen«, aber eben spielerisch und mit Spaß.

War ja gar nicht so schlimm und die Belohnung schmeckt hervorragend.

Du und dein Pferd

Wenn du dein Pferd daran gewöhnst, ohne Angst über eine Plastikplane zu laufen, solltest du darauf achten, dass sie fest ist und auch durch Nägel auf den Hufeisen nicht durchgetreten werden kann. Es wäre sonst zu gefährlich, weil die Plane hängen bleiben und dein Pferd stolpern kann. Wenn dein Pferd Stollen hat, dann verzichte lieber auf dieses Spiel.

Einträchtig stehen die beiden auf einem winzigen Podest – nicht gerade eine Anfängerübung.

KURZ GESAGT

Reiterspiele machen Spaß:
- ▸ Mit Spielen wächst das Vertrauensverhältnis zwischen dir und deinem Pferd.
- ▸ Gehe beim Spielen vom leichten zum schwereren Teil.
- ▸ Achte beim Führen auf deine Füße.

Alle diese Übungen sind auch eine gute Vorbereitung fürs Geländereiten. Sie schulen deine Aufmerksamkeit und die Beweglichkeit deines Pferdes. Wenn ihr so an eurem gegenseitigen Vertrauen arbeitet, werdet ihr zusammenwachsen und ein unschlagbares Team werden.

Manchmal werden Zirkuskurse angeboten. Dort könnt ihr dann, wenn ihr schon ein eingespieltes und fortgeschrittenes Team seid, besondere Lektionen lernen. Zum Beispiel »Kompliment«. Das ist eine Verbeugung des Pferdes. Oder dein Pferd lernt, wie du es in dieser Abbildung siehst, auf ein Podest zu steigen.

Weißt du's? Teste dein Wissen

1 Regeln in der Reitbahn besagen,
- a) wer reiten darf und wer nicht.
- b) wie man auch zu mehreren Zusammenstöße vermeidet.
- c) dass eine Person den Verkehr in der Reitbahn regelt.

2 Hufschlagfiguren sind
- a) die Spuren, die die Hufabdrücke des Pferdes hinterlassen.
- b) verschiedene Arten von Hufbeschlägen.
- c) vorgegebene Linien, die in der Reitbahn geritten werden.

3 Spiele mit dem Pferd sind
- a) lustig, weil du mit deinem Pferd richtig Quatsch machen kannst.
- b) sinnlos, weil du nichts dabei lernen kannst.
- c) wichtig für eine gute Kommunikation zwischen dir und deinem Pferd.

4 Eine Reitstunde selbst gestalten heißt,
- a) dir vorzunehmen, etwas Neues zu lernen.
- b) die Stunde in drei Teile zu gliedern und zu üben, was du schon gelernt hast.
- c) kreuz und quer zu reiten, wie es dir gerade in den Sinn kommt.

Richtig: 1b, 2c, 3c, 4b

Auf ins Gelände!

12 Auf ins Gelände!

Viele, die vom Reiten träumen, stellen sich dabei vor, wie sie im freien Gelände über die Wiesen galoppieren und sich dabei den Wind um die Nase blasen lassen. Bevor du aber zum ersten Mal ausreitest, musst du dein Pferd und seine Reaktionen gut kennen, sicher im Sattel sitzen und das Vertrauen deines Pferdes haben. Außerdem solltest du vorher schon geübt haben, an ungewöhnlichen Gegenständen vorbei zu reiten, um dich und dein Pferd auf solche Situationen im Gelände vorzubereiten. Dein Reitlehrer wird dir sagen, ob dein Können für den ersten Geländeritt ausreicht. Das wird auf jeden Fall ein Erlebnis!

Für den ersten Ausritt üben

Mein Tipp für dich

In den Büchern von Linda Tellington-Jones findest du viele Anregungen, wie du dein Pferd an ungewöhnliche Situationen heranführen und ihm die Angst nehmen kannst. Wenn du die Möglichkeit hast, dann empfehle ich dir auch einen Tellington-Kurs. Dort erfährst du, wie du Vertrauen und Sicherheit aufbauen und direkt einüben kannst. Außerdem macht es wirklich Spaß zu sehen, wie Angst und Misstrauen langsam weichen und statt dessen Vertrauen und Sicherheit entstehen.

Sich auf ungewöhnliche Situationen vorbereiten

Dich auf ungewöhnliche Situationen vorzubereiten, lernst du am besten in einem abgegrenzten Bereich, wie zum Beispiel in der Halle. Du solltest ein Gespür dafür entwickeln, wann dein Pferd nervös wird, wann sich also etwas unter dir »zusammenbraut«. Auch in der Bahn erschrecken Pferde, wenn etwa Hunde auftauchen und laut bellen, oder wenn irgendetwas anders aussieht als sonst.

Wenn dein Pferd erschrickt, erschrickst du ja meistens ebenso. Das darf es aber nicht merken, du solltest vielmehr Ruhe und Sicherheit ausstrahlen. Nimm die Zügel auf und lege die Beine an. Rede deinem Pferd mit ruhiger und tiefer Stimme gut zu, das hilft euch beiden. Das ist nicht leicht, weil du ja selbst aus dem Gleichgewicht gekommen bist. Je häufiger ihr miteinander im Gelände wart und je besser ihr solche Situationen gemeistert habt, desto sicherer wirst du werden.

Der Fluchtinstinkt ist immer wach

Stell dir vor, du reitest im Wald und ein Reh kreuzt euren Weg. Sofort wacht der Fluchtinstinkt in deinem Pferd auf, denn es weiß ja nicht, ob das Reh Freund oder Feind ist. Oder du reitest auf freiem Feld und ein schnaubender Heißluftballon oder ein Fahrradfahrer taucht plötzlich auf. Jetzt liegt es an der Beziehung, die ihr beide miteinander habt, ob dein Pferd dir als »Leittier« vertraut oder ob es seinem Fluchtinstinkt nachgibt.

Sollte dein Pferd einmal durchgehen, dann kannst du vielleicht noch

Diese fliehende Herde zeigt: der Fluchtinstinkt ist immer wach.

die Richtung bestimmen, in die es rast. Wende es, wenn möglich, stark auf eine Seite. Dann muss es erst wieder sein Gleichgewicht suchen und du kannst den Augenblick vielleicht nützen, um es zum Stehen zu bringen.

Wie und wann du dein Pferd wieder unter Kontrolle bekommst, wird davon abhängen, wie viel Sicherheit du ausstrahlst und wie überlegt du handelst. Natürlich kann man solche Sachen nicht direkt üben, aber es fängt schon mit dem Aufspannen von Regenschirmen an. Das kannst du üben. Es gibt viele Möglichkeiten, durch Bodenarbeit ungewöhnliche Situationen herzustellen. Zum Beispiel kannst du bunte Folie auf den Boden legen, über die das Pferd gehen soll, oder du kannst mit Tonnen, bunten Bändern oder Stangen arbeiten. Das Kapitel über Spiele bietet dir hier einige Anregungen (siehe Seiten 103–105).

Endlich im Gelände

Lass dich führen

Ist es dann endlich so weit, suchst du dir bei deinen ersten Ausritten am besten eine erfahrene Person, die dich und dein Pferd erst einmal im Gelände führt. Das kann an der Hand sein oder auch mit einem Führpferd. So kannst du entspannt genießen und dein Pferd fühlt sich sicher. Und wenn etwas Unvorhergesehenes passiert, bist du nicht hilflos. Auch später, wenn du diese Hilfe nicht mehr brauchst, darfst du niemals alleine ausreiten. Ihr müsst immer mindestens zu zweit sein, damit einer, wenn etwas passiert, sich um den anderen kümmern kann.

Zeichensprache lernen

In der Gruppe auszureiten, macht wirklich Spaß. Damit nicht alles durcheinander geht, bestimmt normalerweise der erste Reiter durch bestimmte Handzeichen, wann losgeritten, wann getrabt, galoppiert und angehalten wird.

Das Zeichen für »Achtung!« ist, den rechten Arm nach oben zu strecken. Wenn es Probleme gibt, machst du dieses Handzeichen und rufst »anhalten«. Das wird bis an die Spitze weiter gegeben und der Anführer gibt das Kommando zum allgemeinen Anhalten. Das Zeichen für »Anhalten« ist, den rechten Arm waagrecht nach rechts zu strecken. Die

Am Anfang ist es sicherer, sich führen zu lassen.

Du und dein Pferd

Wenn trotz aller Vorsichtsmaßnahmen bei einem Ausritt doch etwas passiert, dann versuche unbedingt, Ruhe und einen klaren Kopf zu bewahren. Das ist natürlich leichter gesagt als getan. Nimm immer ein Handy mit, damit du Hilfe holen kannst. Gehe mit deinem Pferd nicht in unbekanntes Gelände und reite niemals allein aus, das ist zu gefährlich. Auch wenn es vielleicht verlockend ist, aber das Gelände ist nicht der Ort für Experimente. Du hast Verantwortung für dich, dein Pferd und den Rest der Gruppe.

Im Gelände reitet ihr hintereinander und haltet eine Pferdelänge Abstand.

Zwei Reiter rufen »Anhalten« und zeigen mit den hochgestreckten Armen an, dass sie Probleme haben.

Die Reiterin an der Spitze gibt das Signal zum Anhalten und ruft laut »Halt«.

Kleide dich dem Wetter entsprechend und vergiss vor allem den Reithelm nicht.

vereinbarten Handzeichen sollten alle Beteiligten kennen und sich danach richten.

Wenn du anderen begegnest

Wenn du im Gelände jemandem begegnest, seien es andere Reiter, Fußgänger oder Radfahrer, dann parierst du immer zum Schritt durch. Ihr geht dann hintereinander an dem, der euch begegnet, vorbei. Grüße die Menschen freundlich. Wenn ihr weit genug entfernt seid, kann eventuell wieder angetrabt werden. Denke daran, dass es auch Menschen gibt, die Angst vor Pferden haben. Rücksichtnehmen und Vorausschauen sind die Devise! Ebenso parierst du zum Schritt durch, wenn du an einer Koppel vorbei reitest, auf der sich Pferde oder andere Weidetiere aufhalten.

Die passende Kleidung

Was ist bei deiner Kleidung zu beachten? Sie soll bequem sein und nicht drücken. Das gilt für die Reithose wie auch für die Reitstiefel. Es gibt kein schlechtes Wetter, es gibt nur falsche Kleidung. Kleide dich also dem Wetter entsprechend. Informationen zur Reitkleidung findest du im Kapitel 8, Seite 63.

Ein absolutes Muss ist der Sicherheitsreithelm, Reithandschuhe sind zu empfehlen. Ob du eine Gerte brauchst oder nicht, kommt auf dein Pferd an. Ich persönlich habe immer eine Gerte dabei, wenn es auch meistens nur dafür ist, lästige Insekten zu verjagen. Es ist günstig, wenn du dich und dein Pferd an die Gerte gewöhnst, auch wenn du nicht viel damit machst. Wenn dein Pferd nicht weitergehen will, ist eine kleine, liebevolle Erinnerung von hinten mit der Gerte hilfreich.

Ausrüstung des Pferdes

Wie sieht die Ausrüstung deines Pferdes aus? Als Westernreiter hast du einen Westernsattel, der sich sehr gut für das Gelände eignet. Wenn du englisch reitest, dann ist ein Vielseitigkeitssattel der geeignetste. Die Steigbügel schnallst du 2–3 Löcher kürzer. Der Sattel muss natürlich passen und die Satteldecke darunter sollte sauber sein und Schweiß aufsaugen.

Als Reitanfänger benutzt du ein für das Pferdemaul freundliches Gebiss. Bewährt hat sich zum Beispiel eine ungebrochene Trense aus Nathe, aus flexiblem Kunststoff oder eine doppelt gebrochene Wassertrense. Wichtig ist, dass jede Art der Zäumung dem Kopf und dem Maul des Pferdes gut angepasst ist.

Selbstverständlich müssen auch die Hufe deines Pferdes in Ordnung sein. Wenn dein Pferd unbeschlagen ist und du auf harten Wegen oder Asphalt reiten möchtest, gibt es die Möglichkeit, dem Pferd Hufschuhe anzuziehen. Dazu solltest du dich aber von einem Fachmann oder einem erfahrenen Reiter beraten lassen, der dir auch das Anbringen zeigt. Es gibt verschiedene Modelle von Hufschuhen. Die folgende Abbildung zeigt eines, das passgenau aufgeblasen ist und gut dämpft.

Für empfindliche Barfußpferde eignen sich Hufschuhe, die sich passgenau aufblasen lassen.

Fliegenschutz

Zu Zeiten, wenn es viele Insekten gibt, verschont ein Fliegenhäubchen Ohren- und Augenpartie vor der lästigen Plage. Um das ganze Pferd davor zu schützen, gibt es Anti-Insekten-Sprays, die aber meist nicht viel nützen. Daher haben viele Reiter hier ihre eigenen Rezepte. Um Bauch und Brust zu schützen, kannst du sie zum Beispiel mit Babyöl, vermischt mit ein bisschen Lavendelöl, einreiben.

Wo darfst du reiten?

Auf allen öffentlichen Wegen und Straßen ohne entsprechendes Verbotsschild und auf speziellen Reitwegen darfst du reiten. Für Reiter gilt die normale Straßenverkehrsordnung, du bist also Teilnehmer im Straßenverkehr. Nicht reiten darfst

Das Fliegenhäubchen bietet den Pferdeohren Schutz vor lästigen Insekten.

Im Straßenverkehr reitet ihr am rechten Straßenrand und bleibt dicht hintereinander.

In manchen Bundesländern ist eine Reitplakette im Gelände Vorschrift.

KURZ GESAGT

Endlich im Gelände:
- Bereite dich und dein Pferd gut vor, übe besondere Situationen vorher.
- Reite niemals alleine aus.
- Einer führt die Gruppe. Verständigt euch untereinander durch Handzeichen.
- Halte dich an bekannte Wege und Strecken.

du auf Fuß- und Radwegen, auf Trimm-Dich- und Lehrpfaden, abseits von Wegen und Straßen, auf Staudämmen und in Sperrgebieten. Natürlich reitest du auch nicht quer durch den Wald oder durch Landschaftsschutzgebiete. Die Erlaubnis, auf abgemähten Wiesen und Stoppelfeldern zu reiten, müsste man sich erst beim Landwirt einholen, aber man kann von einem stillschweigenden Einverständnis ausgehen, wenn kein Verbotsschild da ist und kein Flurschaden angerichtet wird.

In manchen Bundesländern ist eine eigene Reitplakette mit Nummer

Pflicht, die du beim Landratsamt besorgen kannst. Sie wird am Pferd angebracht und dient zur Identifikation bei eventuellen Problemen. Wenn du auf verbotenen Wegen reitest, musst du mit einem Bußgeld rechnen. Überprüfe also genau, ob es dort, wo du reiten möchtest, auch erlaubt ist. Die Vorschriften sind innerhalb Deutschlands sehr unterschiedlich.

Wettbewerbe — Was ist wichtig?

Willst du ein Abzeichen machen?

Wie du siehst, musst du einiges wissen, damit du beim Ausreiten keine Fehler machst. Aber auch dabei hast du wieder viel gelernt und so kommt ein Wissensstückchen zum anderen. Dieses Wissen kannst du nicht nur bei der Arbeit mit dem Pferd, son-

dern auch bei verschiedenen Prüfungen unter Beweis stellen. Und vielleicht willst du ja auch einmal an einem richtigen Turnier teilnehmen? Wer offizielle Wettbewerbe bestreiten will, wer ein Reitabzeichen, ein Fahr- oder Voltigierabzeichen machen möchte, muss dafür gewisse Vorleistungen erbracht haben.

Voraussetzung zur Teilnahme an offiziellen Turnieren ist das Reitabzeichen.

Basis-Pass: Eintrittskarte für alle

Der erste Schritt ist der Basis-Pass. Er ist eine offizielle Prüfung deiner Kenntnisse und Fertigkeiten im Umgang mit dem Pferd. Sie wird von einem Trainer der FN durchgeführt. FN heißt »Fédération Equestre Nationale« und bezeichnet die »Deutsche Reiterliche Vereinigung« in Warendorf. Nur wenn du den Basis-Pass bestanden hast, kannst du das Reitabzeichen oder den Reitpass erwerben.

Der Basis-Pass ist also die »Eintrittskarte« für alle Reiter, ganz gleich, ob ihr Freizeitreiter seid, die gerne Wanderreiten möchtet oder ob ihr richtige Turniere ansteuert. Es ist eine Prüfung, auf die du dich mit Büchern oder in Lehrgängen vorbereiten kannst. Sie besteht aus einem praktischen und einem theoretischen Teil.

Reiterliche Fähigkeiten werden noch nicht geprüft, das kommt erst, wenn du den Reitpass machen möchtest. Es geht also um Grundwissen rund ums Pferd, von dem du dir wahrscheinlich schon einiges angeeignet hast.

Voraussetzung für die Prüfung ist die »geistige und körperliche Mindestreife des Bewerbers«, empfohlen ist ein Mindestalter von sieben Jahren.

Was wird beim Basis-Pass geprüft?

Im praktischen Teil werden geprüft:

▸ Ansprechen und Annähern an das Pferd,
▸ Führen und Vorführen,
▸ an anderen Pferden vorbeigehen,
▸ Anbinden und Loslassen des Pferdes/Ponys auf der Weide bzw. im Paddock,
▸ Pferdepflege einschließlich Bandagieren,
▸ Ausrüsten des Pferdes einschließlich Satteln und Trensen,
▸ Erkennen des Verhaltens des Pferdes und Durchführen vertrauensbildender Maßnahmen,
▸ Grundtechniken des Verladens.

Im theoretischen Teil werden geprüft:

▸ Pferdeverhalten, Entwicklungsgeschichte und Umgang mit dem Pferd,
▸ Charakterbeurteilung und Verhaltensabweichung,
▸ Pferde- und Ponyrassen bestimmen,

Mein Tipp für dich

Wenn in deinem Reitstall kein Unterricht angeboten wird, dann empfehle ich dir, an die FN zu schreiben. Frage dort nach, wo in deiner Nähe der nächste Vorbereitungslehrgang angeboten wird und wo du die Prüfung ablegen kannst. Die Adresse der FN findest du im Anhang auf Seite 141.

KURZ GESAGT

Wettbewerbe:

▸ Der Basis-Pass ist Grundvoraussetzung für alle anderen Abzeichen.
▸ Den Reitpass braucht man für Wettbewerbe im Jagd-, Wander- und Distanzreiten.
▸ Um an einem offiziellen Turnier teilzunehmen, musst du das Reitabzeichen vorlegen.
▸ Im Turniersport gibt es weiterführende Reitabzeichen in verschiedenen Schwierigkeitsgraden.

▸ Verhalten zur Sicherheit und Unfallverhütung,
▸ Fütterung und Fütterungstechnik,
▸ Grundlagen der Pferdegesundheit,
▸ Stallräume, Nebenräume, Bewegungsflächen.

Reitpass und Reitabzeichen

Wenn du den Basis-Pass bestanden hast, kannst du den Reitpass oder das Reitabzeichen machen. Der Reitpass ist für Freizeitreiter der Grundschein im Reiten und etwa mit dem Freischwimmerschein zu vergleichen. Er ist die Voraussetzung zum Erwerb der Abzeichen im Wanderreiten, Jagdreiten und Distanzreiten.

Das Reitabzeichen musst du erfolgreich bestanden haben, um bei einem offiziellen Turnier zu starten.

Weißt du's? Teste dein Wissen

1 Regeln im Gelände sagen, dass
    a) du grundsätzlich zum Schritt parierst, wenn dir andere Menschen, mit oder ohne Pferd, begegnen.
    b) der Schnellere Vorrang hat.
    c) du überall reiten darfst.

2 Wenn ein Pferd erschrickt,
    a) musst du es mit lauter Stimme wieder beruhigen.
    b) nimmst du die Zügel auf, legst deine Beine an und sprichst beruhigend zum Pferd.
    c) überlässt du das Pferd sich selbst.

3 Eine gute Vorbereitung fürs Geländereiten ist,
    a) möglichst viel in der Bahn zu galoppieren.
    b) ungewöhnliche Situationen zu üben und Vertrauen aufzubauen.
    c) das Pferd vorher oft aus dem Gleichgewicht zu bringen.

4 Der Basis-Pass
    a) ist ein Dokument, das die wesentlichen Kennzeichen des Pferdes fest hält.
    b) ist eine Prüfung, bei der in Theorie und Praxis Grundlagenwissen abgefragt wird.
    c) ist eine Prüfung, die erst nach Reitabzeichen und Reitpass abgelegt werden kann.

Richtig 1a, 2b, 3b, 4b

Schulpferd oder eigenes Pferd?

13 Schulpferd oder eigenes Pferd?

Auf welchem Pferd du reiten lernst, ist ganz entscheidend für deine reiterliche »Karriere«. Ebenso wie die Qualität des Unterrichts und des Reitbetriebs (siehe Seiten 54—57) Die meisten fangen erst einmal auf einem Schulpferd an. Später, wenn du schon ein bisschen reiten kannst, gibt es die Möglichkeit der »Reitbeteiligung«. Da beteiligt man sich an den laufenden Kosten und spricht sich untereinander ab, wer wann reiten darf. Der Traum von allen Pferdebegeisterten ist natürlich ein eigenes Pferd, aber dieser Traum ist teuer. Für die meisten Eltern ist es schon genug, was für Reitunterricht und Ausrüstung zu bezahlen ist. Aber wenn du ein Pferd wirklich lieb hast — und sei es »nur« das Schulpferd — wird es auch dein Pferd sein.

Meist sehr geduldig: Schulpferde

Ist das Pferd gut ausgebildet?

Wichtig für dich ist, dass das Pferd, das du reitest, eine gute Ausbildung hat und regelmäßig auch von einem guten Reiter geritten wird. Du lernst ja erst reiten und wirst deinem Pferd am Anfang Hilfen geben, die es nicht versteht. Du wirst ihm in den Rücken plumpsen, ohne es zu wollen – auch das muss dein Pferd aushalten. Es soll dir zeigen, wie es richtig ist, indem es auf die richtigen Hilfen anspricht.

Das ist der Idealzustand. Schulpferde, die nicht vorwärts gehen wollen oder auch solche, die losrennen, haben keine Lust mehr auf Reiter, die alles falsch machen. Sie »verlernen« das, was sie einmal gelernt haben. Nur wenn die »Verwirrung« durch einen guten Reiter wieder korrigiert wird, kann es ein gutes Schulpferd bleiben, von dem du lernen kannst. Außerdem ist natürlich wichtig, dass auch Schulpferde gut gehalten werden (siehe Seiten 124–127).

Schulpferde müssen regelmäßig gut geritten werden, damit sie so brav gehen.

Reiten auf verschiedenen Pferden

Meistens wirst du eine »mittelgute« Schulpferdehaltung mit Pferden unterschiedlicher Qualität vorfinden. Der Reitlehrer wird erst einmal das passende Pferd für dich aussuchen. Wenn er dich dann kennt und weiß, was du kannst, dann bekommst du die Möglichkeit, verschiedene Pferde auszuprobieren.

Wenn du das Gefühl hast, dass du zu lange jetzt schon dasselbe Pferd reitest, dann kannst du deinen Reit-

Ein temperamentvoller Hengst ist nicht das Richtige für Reitanfänger.

lehrer bitten, auch einmal ein anderes Pferd ausprobieren zu dürfen.

Du wirst feststellen, dass sich die Pferde sehr voneinander unterscheiden. Nicht nur die Ausbildung, sondern auch die Größe, die Breite des Rückens, die Schrittlänge und das Temperament des Pferdes erfordern von dir, dich immer wieder neu auf das jeweilige Pferd einzustellen.

Schon besser – zur Belohnung wird es lobend geklopft.

Große und schlanke Reiterin mit kleinem Pony – das passt nicht.

Fehler bei sich suchen

Wichtig ist, dass du immer, wenn eine Lektion nicht gelingen will, zuerst bei dir selbst den Fehler suchst. Wenn die letzten drei Pferde bei dir nicht angaloppieren wollten, dann

Das Pferd läuft unter seiner Reiterin weg und hört nicht auf sie.

liegt der Fehler sicher bei dir. Aber auch, wenn dein Pferd nicht auf der Zirkellinie bleiben will, machst du etwas mit deinem Gewicht, mit deinen Beinen oder sonst etwas falsch.

Ein Lieblings-Schulpferd

Möglicherweise findest du ein Schulpferd, mit dem du besonders gut zurecht kommst und das du regelmäßig reiten möchtest. Ihr findet eine gemeinsame Sprache und dieses Pferd liegt dir am Herzen. Oft kommt dann der Wunsch auf, das Pferd zu kaufen und aus dem Schulbetrieb zu nehmen.

Du solltest aber dennoch die Gesundheit deines Lieblings genau überprüfen lassen. Der Schulbetrieb ist sehr anstrengend und oft bahnen sich unmerklich gesundheitliche Mängel an. Die Gefühle für ein Pferd müssen im Einklang stehen mit der Vernunft. Und wenn das Pferd nicht gesund ist, ist von einem Kauf – trotz aller Gefühle – abzuraten.

Auch nach dem Absteigen solltest du dein Pferd noch einmal loben.

KURZ GESAGT

Schulpferd:
▸ Schulpferde müssen gut geritten und gehalten werden.
▸ Reiten auf verschiedenen Pferden erfordert viel Einfühlungsvermögen.
▸ Bestrafe ein Pferd nicht für Fehler, die du gemacht hast!

Reitbeteiligung — gar nicht so leicht

Wem gehört die vordere Hälfte, wem die hintere? Das ist mit Reitbeteiligung nicht gemeint.

Mein Tipp für dich

Schau dir den Pferdebesitzer genau an und vor allem, lerne das Pferd kennen. Das geht auch vom Boden aus und durch Zuschauen beim Reiten. Prüfe auch, ob du tolerant genug bist mit anzusehen, wenn der Besitzer mit diesem Pferd anders umgeht als du es dir wünschst. Es mag komisch klingen, aber oft sind solche Beteiligungen daran gescheitert, dass es zu unterschiedliche Vorstellungen gab, was gut für das Pferd ist.

Besitzer mit zu wenig Zeit

Eine Reitbeteiligung kommt erst dann in Frage, wenn du schon einigermaßen gut reiten kannst. Du solltest auch eine gewisse Körpergröße und ein gewisses Alter haben, um dieses Wagnis einzugehen. Und deine Eltern müssen natürlich bereit sein, die Kosten zu übernehmen.

Pferde, deren Besitzer kaum Zeit zum Reiten haben, gibt es genügend. Allerdings sind diese Pferde in den seltensten Fällen für dich geeignet, weil sie zu wenig geritten werden und wenn, dann meist auch nicht gut. Andererseits gibt ein guter Reiter sein gutes Pferd auch selten in Anfängerhände. Am besten klappt es noch mit Pferdebesitzern, denen ausreichend Bewegung für ihr Pferd wichtig ist, die aber einfach selber zu wenig Zeit haben. Auch solche Besitzer, die finanziell durch das Pferd stark belastet sind, suchen sich Beteiligungen, um einen Teil der Kosten von jemand anderem bezahlen zu lassen.

Lerne Pferd und Besitzer genau kennen

Nun kommt es darauf an: Passen die Reiter zusammen? Passen Reiter und Pferd zusammen? Passt die Zeit, in der das Pferd zur Verfügung steht? Welche Einstellung hat der Pferdebesitzer zu seinem Pferd? Manch ein Besitzer will überhaupt nicht, dass der beteiligte Reiter sein Pferd zu sehr umsorgt. Das erweckt seine Eifersucht und schon kann die Sache schwierig werden.

Ein anderes Problem kann entstehen, wenn das Pferd krank wird. Dann wird sehr schnell die Frage gestellt, wer hat Schuld daran? Ist die Versorgung des Pferdes so, wie es sich der Besitzer und der beteiligte Reiter wünschen? Was darf dazu gefüttert werden?

Hier kommt eine Reitbeteiligung nicht in Frage – das Pferd ist viel zu groß für die kleine Reiterin.

Das passt besser. Nun ist zu klären, ob die anderen Voraussetzungen stimmen.

Ein Vertrag regelt

Hast du ein passendes Pferd und einen beteiligungsfreudigen Besitzer gefunden, dann rate ich dir und deinen Eltern, einen Beteiligungsvertrag

Ein Pferd wird ausprobiert. Die Pferdebesitzerin wacht über das Geschehen.

zu machen, in dem alles aufgeführt ist, was euch wichtig ist. Natürlich auch, wer was bezahlt und wann du reiten darfst. Vernünftig wäre am Anfang, im Unterricht mitzureiten oder sich vom Besitzer – wenn möglich – Unterricht geben zu lassen. Alles, was ihr vorher klärt, wird später nicht zum Problem. So kann zum Wohl des Pferdes eine gute Partnerschaft entstehen.

Ein Traum mit Verantwortung: das eigene Pferd

Wo soll das Pferd stehen?

Nun sind wir an dem Punkt angelangt, den die meisten Reiter herbeisehnen: ein eigenes Pferd zu besitzen. Am liebsten sollte es auch noch beim Haus stehen. Diesen Wunsch kann man sehr gut verstehen. Es ist wirklich für »Pferdemenschen« das Schönste, den oder die Vierbeiner in ihrer unmittelbaren Nähe zu haben, um möglichst direkt an ihrem Leben teilhaben zu können. In den meisten Fällen bleibt dieser Wunsch aber ein Traum, weil eine geeignete Unterbringung eben in der Regel nicht neben der Haustüre liegt. Und Pferde brauchen ja auch Gesellschaft.

Ein Pferd kostet Geld und Zeit

Wenn deine Eltern zugestimmt haben, dir ein Pferd zu kaufen, dann ist es nicht damit getan, nur den Kauf-

preis aufzubringen. Dazu kommen die Kosten für die Unterbringung im Stall, außerdem Unterrichts-, Tierarzt-, Hufschmied- und Transportkosten. Es lohnt sich, mit anderen Pferdebesitzern zu sprechen, um zu erfahren, wie hoch zum Beispiel ihre »Nebenkosten« durchschnittlich im Jahr sind. So bekommt man eine bessere Vorstellung, wie viel tatsächlich pro Monat zu bezahlen ist.

Neben der finanziellen Situation solltest du dich auch fragen: Hast du die erforderliche Zeit, dich um dein Pferd zu kümmern? Das heißt, dass du auf manches, was andere in deinem Alter tun, verzichten musst, weil du dein Pferd versorgen musst. Kannst du für dein Pferd da sein, wenn es krank ist? Willst du es nicht nur reiten, sondern auch versorgen und pflegen? Und das für viele Jahre? Wenn du diese Fragen alle mit »ja«

Schwere Entscheidung: Passt dieses Pferd von der Größe, der Ausbildung, dem Charakter und Temperament zur Reiterin?

Ein eigenes Pferd zu haben bedeutet oft, viele Stunden im Stall zu verbringen.

Mein Tipp für dich

Nicht alle Pferde eignen sich für jede Art der Arbeit. Wenn das Pferd von mehreren Familienmitgliedern geritten werden soll, dann eignet sich ein stabiles, gemütsstarkes Pferd. Wenn du Western reitest, wirst du bei den vielen verschiedenen Westernpferden suchen und nicht bei Großpferden.

Manchmal raten auch Reitlehrer zum Kauf eines Pferdes, das sie »an der Hand« haben. Das muss nicht schlecht sein, aber achte in jedem Fall darauf, das Pferd genau kennen zu lernen, bevor eine Kaufabsicht ausgesprochen wird.

beantworten kannst, dann wirst du ein guter Pferdebesitzer.

Auf keinen Fall solltest du dir ein eigenes Pferd wünschen, um damit cool zu sein und vor anderen zu glänzen.

Passt ihr zusammen?

Das Wichtigste ist, dass dein Pferd und du zusammenpassen. Wie soll der Charakter des Pferdes sein, das du dir wünschst? Du kannst im Kapitel über die Pferderassen schmökern und dir ein Bild davon machen, welche Rasse sich für dich eignen würde.

Hier haben sich die richtigen gefunden und sind miteinander zufrieden.

Wenn du das Pferd vorher schon kennen lernen konntest, zum Beispiel in deinem Reitstall, ist das natürlich ein Vorteil. Begibt man sich auf die Suche nach einem neuen Pferd, dann ist es schon schwieriger herauszufinden, ob ihr zusammen passt.

Ist das Pony groß genug?

Nicht alle Ponys sind so nett wie sie aussehen. Sie können ganz schön eigensinnig und auch wild sein. Wenn du dein Herz an ein Pony verloren

hast, dann prüfe seinen Charakter und seine Fähigkeiten genau. Passt ihr wirklich zusammen?

Ein anderer Gesichtspunkt ist die Größe. Wähle kein zu kleines Pferd, denn dann bist du bald hinaus gewachsen. Wenn die Widerristhöhe zwischen 1,30 und 1,40 Meter beträgt, dann achte darauf, dass das Pferd außerdem kräftig genug ist, dich noch lange zu tragen. Gerade Ponys und Kleinpferde können nämlich lange leben.

Junger Reiter — altes Pferd

Eine ganz wichtige Regel lautet: Junger Reiter – altes Pferd. Das heißt, ein Reiter, der noch nicht seine 2000 Stunden zu Pferd hinter sich hat, braucht ein ausgebildetes Pferd. Du kannst kein vier- oder sechsjähriges Pferd ausbilden, auch nicht zusammen mit einem Reitlehrer. Ein Pferd, das selbst noch nicht im Gleichgewicht ist, kann dich nicht lehren, dein Gleichgewicht zu finden.

Wachsam sein

Wer verkauft ein gut gerittenes Pferd im besten Alter? Da musst du Glück

Misslungene Partnerschaft – das kann übel ausgehen.

haben. Entweder dem Besitzer ist das Geld ausgegangen, das Pferd hat gesundheitliche Probleme oder der Besitzer ist reiterlich mit ihm nicht mehr weitergekommen. Eine Ankaufsuntersuchung ist in solchen Fällen unbedingt notwendig.

Der Kaufvertrag

Zwar gilt beim Pferdekauf noch der Kauf per Handschlag als rechtsgültig, trotzdem ist es ratsam, einen schriftlichen Kaufvertrag abzuschließen. Dort werden alle wichtigen Daten festgelegt. Sollte es zu Streitigkeiten kommen, dann ist dies das Dokument, das die Absichten des Käufers und Verkäufers festhält.

Ein Pferd beurteilen lernen

Worauf achtest du?

Entscheidend ist, dass das Pferd so gebaut ist, dass es möglichst lange gesund bleibt.

Da gibt es einige wichtige Stellen, die du dir genauer ansehen solltest. Hier sind einige allgemeine Informationen, worauf du beim Kauf eines Pferdes achten solltest. Sie gelten für ausgewachsene Warmblutpferde. Da du dich selbst noch nicht so gut auskennst, solltest du dich von jemand mit Erfahrung beraten lassen.

Ganaschenfreiheit

Dort wo Unterkiefer und Hals aufeinander treffen, sollte Platz sein, damit das Pferd seinen Kopf schmerzfrei senken kann. Wenn dort zu wenig Zwischenraum ist, gibt es Probleme bei der Anlehnung und Losgelassenheit des Pferdes.

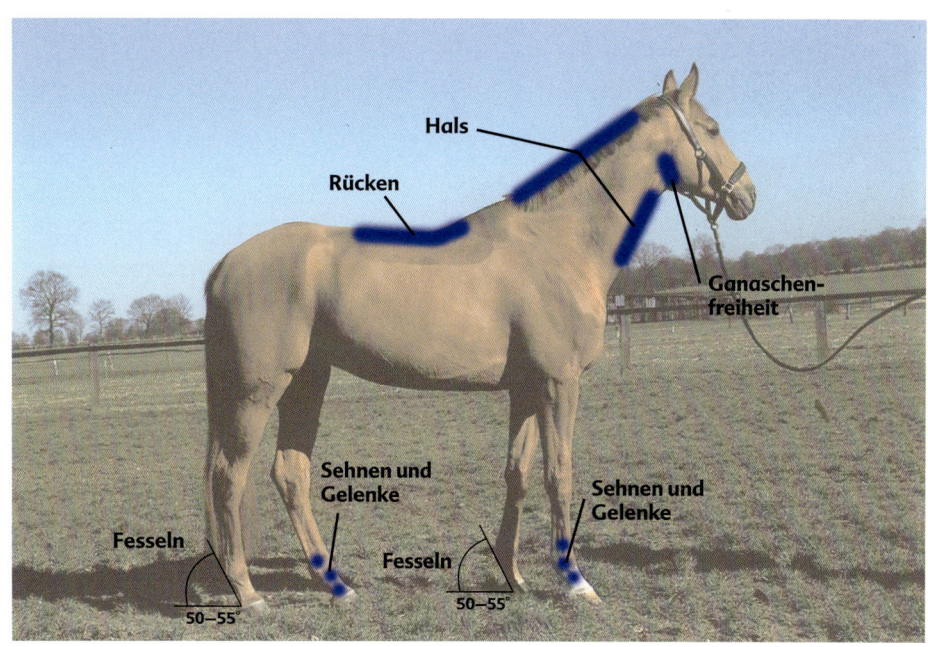

Hals und Rücken

Der Hals sollte sich von der Brust beginnend nach oben etwas verjüngen, das heißt schmaler werden. Ein langer dünner Hals ist ebenso unpraktisch wie ein kurzer dicker Hals. Bei-

Auf diese Stellten muss man beim Kauf eines Pferdes besonders achten.

KURZ GESAGT

Ein Pferd beurteilen lernen:

▶ Der Körperbau gibt Auskunft über mögliche gesundheitliche Probleme und die Reitfähigkeit.

▶ Prüfe den Rücken des Pferdes.

▶ Sehnen und Gelenke müssen klar erkennbar sein.

des kann zu reiterlichen Problemen führen.

Der Rücken sollte nicht gesenkt, sondern nur in der Sattellage ganz leicht nach unten gewölbt sein. Pferde mit Senkrücken haben Schmerzen, wenn auch noch ein Reiter auf diesem Rücken sitzt.

Fesseln, Sehnen und Gelenke

Der Winkel der vorderen Fesseln sollte ca. 45 Grad und der hinteren Fesseln ca. 50–55 Grad zu einer geraden Unterfläche betragen. Wenn die Stellung der Fesseln zu flach ist, folgen bald Sehnen- und Gelenkprobleme in den Beinen.

Die Sehnen und Gelenke in diesem Bereich müssen klar, das heißt nicht schwammig oder geschwollen sein. Angelaufene Beine können viele Ursachen haben, die aber meist etwas mit Verschleiß zu tun haben.

Weißt du's? Teste dein Wissen

1 Gute Schulpferde

    a) können 4—5 Stunden täglich arbeiten.

    b) sind zu jeder Zeit bereit, dem Reiter etwas beizubringen.

    c) sollen eine gute Ausbildung haben, die auch erhalten werden muss.

2 Eine Reitbeteiligung ist vorteilhaft,

    a) wenn du zu wenig Geld für den Unterricht hast.

    b) wenn der Pferdebesitzer nicht reiten kann.

    c) wenn du reiterlich dazu in der Lage bist und klare Vereinbarungen einhalten kannst.

3 Ein eigenes Pferd zu haben bedeutet,

    a) von den anderen richtig anerkannt zu werden.

    b) auf vieles zu verzichten, weil ein Pferd viel Zeit und Geld kostet.

    c) dass du dich nur noch ums Pferd kümmern brauchst.

4 Am Körperbau des Pferdes erkennst du,

    a) ob ein Pferd körperliche Mängel hat, die zu Problemen führen können.

    b) ob das Pferd einen guten Charakter hat.

    c) wie lange es schon geritten wird.

Richtig: 1c, 2c, 3b, 4a

Wie erhältst du dich und dein Pferd gesund?

Wie du dich und dein Pferd gesund erhältst, ist eine sehr wichtige Frage, die du dir immer wieder stellen solltest. Du spielst eine wesentliche Rolle bei der Gesunderhaltung deines Pferdes und das ist eine verantwortungsvolle Aufgabe. Wie du schon weißt, sind für dein Pferd Bewegung, Ernährung, Haltung und die Art des Reitens entscheidend. Was aber kannst du für dich und deine Gesundheit aus dem Reiten gewinnen? Wie erhältst du dich gesund — und ist es vielleicht sogar noch ein bisschen mehr? Du wirst staunen, denn es ist ein ganze Menge!

Kluges Pferde-Management

Für ausreichende Bewegung sorgen

Wie du schon in Kapitel 1 gelesen hast, sind Pferde von Natur aus Lauftiere, die ihr Fressen auf langen »Spaziergängen« aufnehmen. Die Verdauung ist an die Bewegung gekoppelt, daher ist genügend Bewegung sehr wichtig für Pferde.

Wenn es nicht anders geht, kannst du einem Pferd mit zu wenig Bewegung zusätzlich in der Halle Gelegenheit zum Laufen verschaffen. Vorher sollte es aber geritten oder geführt worden sein, damit es sich »einlaufen« kann, sonst verletzt es sich.

Du solltest aber nur ein Pferd, dessen Verhalten du gut kennst, so in der Halle laufen lassen. Treibe es dann bitte nicht ziellos durch die Halle, sondern lerne, mit deinem Pferd zu spielen. Locke es zu dir, streichle es und lasse es wieder weglaufen. Oder du spielst »Leitstute« und animierst dein Pferd, hinter dir herzulaufen. Übe »Halt« und »Schritt« mit Hilfe deiner Stimme und Körperhaltung. Das stärkt das Vertrauen zwischen euch und sorgt außerdem für Abwechslung. Wenn du mit deinem Pferd draußen am Boden arbeitest und ihr gemeinsam ein Spiel macht, ist das auch ein zusätzliches Bewegungsangebot.

Beim Bodenstangen-Spiel muss das Pferd seine Beine besonders anheben.

Abwechslung schaffen

Das Reiten im Gelände bringt natürlich viel Abwechslung ins Pferdeleben. Die frische Luft und die unterschiedlichsten Begegnungen bringen frischen Wind in den Alltag und verbinden Pferd und Reiter. Mehr zum Geländereiten findest du auf den Seiten 109–112. Die beste Art, das Bewegungsbedürfnis der Pferde zusätzlich zu stillen, ist der Weidegang. Die Koppel sollte groß genug sein, damit für mehrere Pferde Platz ist. Denn das Pferd ist ein Herdentier und braucht soziale Kontakte, um gesund zu bleiben.

Natürlich können nicht alle Pferde einander »riechen«. Es ist also darauf zu achten, ob die Pferde sich vertragen und nicht zum Beispiel alte Pferde von den anderen gejagt werden. Dann muss man die Pferde voneinander trennen und neue Partner suchen, die sich besser verstehen.

Mistet ihr auch richtig ab? Die Pferde scheinen es genau zu kontrollieren.

Erst kommt das Pferd in den Stall und dann wird die Koppel gepflegt.

Weidepflege

Zur Gesunderhaltung gehört auch die Weidepflege. Große Steine oder tiefe Löcher in der Weide sind gefährlich und müssen beseitigt werden. Auch abmisten solltest du die Weide am besten täglich, denn die sich im Mist ansiedelnden Würmer können schwerwiegende Erkrankungen hervorrufen. Schließe dich mit den »Koppelpartnern« zusammen und haltet gemeinsam eure Weide in Ordnung. Im Frühjahr und im Herbst, wenn

der Boden aufgeweicht ist, muss man Kompromisse schließen: Soll dein Pferd im Sumpf stehen oder gibt es ein Schlechtwetter-Paddock? Möglicherweise ist bei tiefem, weichem Boden die Gefahr von Mauke (siehe Seite 133) und Sehnenschäden größer als der Nutzen der minimalen Bewegung auf solchem Gelände.

Bodenpflege

Für gesunde Pferdehufe und gute Luft in der Box muss regelmäßig ausgemistet werden. Die Pferde müssen sonst in ihrem Kot herumstehen und können sich dann an Parasiten infizieren.

Das Stroh muss frisch und darf nicht schimmelig oder moderig sein. Wenn sie relativ sauber ist, ist weniger Einstreu in der Box besser als viel

Du und dein Pferd

Achte bitte darauf, dass dein Pferd nach dem Fressen mindestens eine Stunde Zeit für die Verdauung hat, bevor du es reitest. Richtige Arbeit, bei der sich das Pferd anstrengen muss, ist direkt nach dem Fressen absolut falsch. Die Energie des Pferdes konzentriert sich dann nämlich auf den Verdauungsapparat, für die Muskelarbeit bleibt nicht viel übrig. Wenn das Pferd nach der Arbeit erhitzt ist, achte darauf, dass es nicht zu schnell säuft. Führe es erst herum, damit es abschwitzt. Wenn es das Trensengebiss noch im Maul hat, säuft es langsamer.

Die Futterrationen müssen auf die Größe des Pferdes und seine Arbeitsleistung abgestimmt werden.

Einstreu mit viel Pferdemist. So vermeidest du auch Strahlfäule (siehe Seite 133).

Steht dein Pferd in einer Box mit Paddock, so muss das Paddock natürlich auch sauber gehalten werden. Hast du dein Pferd in einem Offenstall untergebracht, müssen der Stall und die Weidefläche gepflegt werden. Du solltest täglich überprüfen, ob auch genügend frisches Wasser zur Verfügung steht.

Das Richtige in der richtigen Menge füttern

Im Normalfall wird ein Pferd dreimal am Tag gefüttert. Morgens wird die größte Portion Kraftfutter und die kleinste Portion Heu gegeben, mittags von beidem ein mittleres Maß und abends die kleinste Portion Kraftfutter und die größte Portion Heu. Weil Pferde Dauerfresser sind, brauchen sie genügend Raufutter für die Nacht.

Natürlich braucht ein Pferd nicht Unmengen von Heu, sondern ein gewisses Maß, das auch nicht überschritten werden sollte. Im Allgemeinen bewegen sich diese Mengen zwischen 6–10 kg, abhängig von der Körpergröße und der Arbeit, die das Pferd verrichtet. Auch das Kraftfutter gibst du nicht in irgendwelchen Mengen, sondern stimmst es darauf ab, wie viel mit dem Pferd gearbeitet wird. Bei einem mittelschweren Pferd sind dies zum Beispiel 3–8 Kilo Kraftfutter pro Tag, je nach Leistung. Wenn ihr zu mehreren ein Pferd versorgt, ist es wichtig, dass sich alle

auch an die Mengen halten und nicht jeder anders füttert. Nach der Kraftfutter-Fütterung musst du ungefähr 1 Stunde warten, bevor du mit deinem Pferd arbeiten kannst.

Ausreichend sauberes Wasser ist für einen gesunden Körper auch ganz wichtig. Ein Mineral-Leckstein ist notwendig, weil in der Nahrung nicht genug Natrium vorhanden ist. Das ist wichtig für die Muskeln.

Dieser Futtertrog muss dringend gesäubert werden, damit die Reste nicht schimmeln.

Die Einrichtung kontrollieren

Damit dein Pferd gesund bleibt, solltest du dir regelmäßig die Einrichtung seiner »Wohnung« anschauen. Die Pferdetränke muss sauber sein und funktionieren. Ebenso solltest du beim Füttern darauf achten, ob der Futtertrog sauber ist. Speisereste können sich in den Ecken verfangen haben und vor sich hin schimmeln. Das ist natürlich sehr ungesund.

Den Bewegungsapparat gesund erhalten

Die meisten Krankheiten, an denen Pferde leiden, entstehen durch fal-

Sättel sollten immer wieder kontrolliert und, wenn nötig, von einem Sattler nachgepolstert werden.

sches Reiten und einen nicht passenden Sattel. Um die häufigsten Fehler nicht zu machen, gebe ich dir folgende Tipps:

Lasse dein Pferd vor und nach der Arbeit lange genug Schritt gehen, damit sich die Gelenkflüssigkeit verteilt. Das gilt auch, wenn du ins Gelände gehst.

Verlange von deinem Pferd nicht plötzlich Höchstleistungen, ohne dass es darauf vorbereitet ist. Gelenke, Muskeln und Sehnen müssen langsam an die Arbeit gewöhnt werden.

Lerne dein Pferd so zu reiten, wie es in Kapitel 10 beschrieben ist. Wenn du noch kein so guter Reiter bist, dann lasse dein Pferd zwischendurch immer wieder von einem guten Reiter korrigieren. Wichtig ist, dass diese Korrektur sorgfältig und dem Trainingsstand des Pferdes angemessen ist.

Ganz entscheidend ist auch ein passender Sattel. Dies kann dein Reitlehrer oder ein Sattler am besten beurteilen.

KURZ GESAGT

Kluges Pferde-Management:

▸ Sorge für genügend Bewegung auf gutem Boden, für frische Luft und soziale Kontakte.
▸ Füttere das Richtige in der richtigen Menge.
▸ Halte die Tränke, den Futtertrog, die Box und die Hufe deines Pferdes sauber.
▸ Sorge für einen passenden Sattel.
▸ Lass dein Pferd vor und nach der Arbeit Schritt gehen.

Reiten — ein tolles Fitnessprogramm

Was passiert mit deinem Körper?

Bisher war von der Gesundheit deines Pferdes die Rede, aber was geschieht beim Reiten eigentlich mit dir und deinem Körper? Das ist eine ganze Menge! Du stärkst verschiedene Muskelpartien, verbesserst deine Körperhaltung und Bewegungsabläufe (Koordination, Geschicklichkeit, Ausdauer).

Bein-, Bauch-, Schultermuskeln

Du dehnst deine Sehnen in den Oberschenkeln und in den Beinen schon durch die Art des Sitzens auf dem Pferd und durch die Haltung der Beine. Dass du dabei deine Muskeln und Sehnen kräftigst, wird dir spätestens dann bewusst, wenn du einen Muskelkater hast. Das an sich bedeutet noch nicht die Kräftigung, aber wenn du weitermachst und den Muskelkater überwindest, kommen neue Kräfte hinzu.

Deine Schultern werden entspannt, denn mit hochgezogenen Schultern kannst du nicht richtig ins Gleichgewicht kommen. Durch die aufrechte Haltung gewöhnst du dir an, die Schultern fallen zu lassen. Du wirst merken, wie sich durch das Reiten auch deine Körperhaltung im Alltag verbessern wird.

Durch das Reiten kannst du deine Körperhaltung verbessern und deine Muskeln trainieren.

Deine Bauchmuskeln werden ebenfalls gestärkt, denn dein Bauch ist der Mittelpunkt, von dem alles ausgeht. Das Gleichgewicht zu halten, der korrekte Sitz, die Paraden – alles hilft, dein Zentrum kräftiger werden zu lassen und deinem Rücken Arbeit abzunehmen. Denn die Bauchmuskeln sind quasi das Gegengewicht der Rückenmuskeln und arbeiten mit diesen eng zusammen.

Übungen mit und ohne Pferd helfen dir, mehr Geschicklichkeit zu entwickeln.

Koordination, Ausdauer, Geschicklichkeit trainieren

Beim Reiten trainierst du auch das Zusammenspiel von Bewegungsabläufen (Koordination), deine Ausdauer und Geschicklichkeit. Denn beim Reiten musst du vom Kopf, den Augen, den Armen bis zu den Fußspitzen alles unter Kontrolle haben. Das sieht, wie du weißt, leicht aus, ist aber ziemlich schwer. Du wirst auch deine Ausdauer verbessern und dich dadurch kräftiger fühlen.

Kreislauf und Atmung anregen

Durch die körperliche Bewegung werden dein Kreislauf und die Atmung angeregt. So kommt mehr Sauerstoff durch den Körper und du fühlst dich fitter. Du kannst dann vielleicht auch besser lernen und dich besser konzentrieren. Reiten ist also ein richtiges Fitness-Training, das dir auch beim Radfahren und Schifahren zugute kommt.

KURZ GESAGT

Reiten als Fitnessprogramm bewirkt:
▶ die Kräftigung und Dehnung von Muskeln und Sehnen,
▶ eine bessere Körperhaltung,
▶ die Schulung von Gleichgewicht, Ausdauer, Geschicklichkeit,
▶ die Anregung von Kreislauf und Atmung und vieles mehr.

Reiten – was es dir sonst noch bringen kann

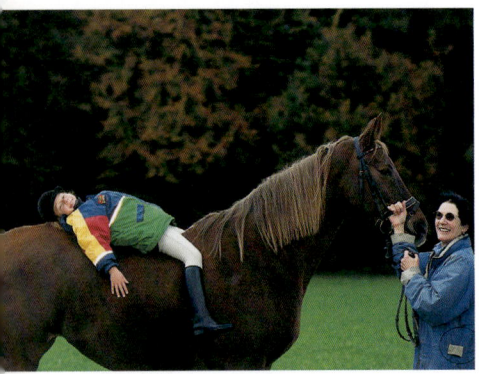

Wer so auf dem Pferderücken liegt, hat viel Mut und Selbstvertauen.

Mut und Selbstvertrauen stärken

Reiten verhilft dir auch zu mehr Mut und Selbstvertrauen. Das spürst du, wenn du eine schwierige Aufgabe gelöst hast oder wenn endlich etwas gelungen ist, was lange nicht funktionierte. Das ist eine wunderbare Bestätigung deiner Fähigkeiten und fördert das Selbstvertrauen. Dieses Glück kennen alle Reiter. Und du lernst beim Reiten, eine große Aufgabe zu übernehmen und Verantwortung zu tragen. Dazu gehört Mut!

Geduld üben, Konzentration fördern

Im Umgang mit Pferden hast du Gelegenheit, Geduld zu üben und deine Wut, wenn zum Beispiel eine Übung einfach nicht klappen will, zu überwinden. Du wirst immer erst bei dir selber nachschauen müssen, ob der Fehler nicht bei dir liegt. Du lernst,

Beim Reiten erhält dein Gehirn mehr Sauerstoff und du fühlst dich fitter.

auch einmal auf etwas zu verzichten. Und all das sind wertvolle Eigenschaften für den Alltag.

Oder du bist vielleicht nervös und unkonzentriert, dann wird dir der intensive Kontakt mit deinem Pferd helfen, das zu ändern. Die rhythmischen, taktmäßigen Bewegungen des Pferdes führen zu mehr innerer Ruhe. Verspannungen lösen sich, vorausgesetzt, du atmest richtig und hast jemanden, der das mit dir übt. Wer innerlich ruhiger ist, kann sich auch besser konzentrieren.

Neue Freunde finden

Weil Reiten ein Gemeinschaftssport ist, lernst du viele neue Menschen kennen. Wahrscheinlich entwickeln sich schöne Freundschaften rund um die Pferde. Das bedeutet auch Hilfsbereitschaft, Teamgeist, Toleranz und Rücksichtnahme. Es ist wunderbar, einen Kreis von »Gleichgesinnten« zu haben, die deine Liebe zu Pferden teilen. Nicht zu vergessen die lustigen Feste, die ihr miteinander feiern könnt.

Durch die Liebe zum Pferd findest du gleich gesinnte neue Freunde, mit denen du Freude und Kummer teilen kannst.

KURZ GESAGT

Reiten fördert
▸ dein Selbstvertrauen und dein Verantwortungsbewusstsein,
▸ deinen Teamgeist im Umgang mit anderen,
▸ deine Konzentrationsfähigkeit und deine Geduld,
▸ deine Fähigkeit, schwierige Aufgaben zu lösen.

Weißt du's? Teste dein Wissen

1 Pferde brauchen Bewegung,
- a) es reicht jedoch, wenn sie ein Mal pro Tag geritten werden.
- b) daher sollten sie das ganze Jahr auf einer Weide Auslauf haben.
- c) am besten mit einem abwechslungsreichen Programm: Weidegang, ein Geländeritt oder Spiele am Boden sorgen für ausreichend Bewegung.

2 Für die Verdauung ist wichtig,
- a) dass das Pferd gleich nach dem Fressen ordentlich bewegt wird.
- b) dass das Pferd gleich trinken kann, wenn es starkt schwitzt.
- c) dass das Pferd frühestens eine Stunde nach dem Fressen bewegt wird.

3 Bei einer gesunden Ernährung
- a) wird morgens die größte und abends die kleinste Menge Kraftfutter gegeben.
- b) fütterst du jeden Tag andere Mengen, je nach Leistung.
- c) gibst du abends nur Mohrrüben, damit dein Pferd nicht zu dick wird.

4 Reiten als Fitnessprogramm
- a) wirkt sehr entspannend, weil man ja immer sitzen kann,
- b) stärkt viele verschiedene Muskeln, deinen Kreislauf und deine Kondition.
- c) bedeutet mindestens 4 Stunden Training täglich.

5 Mit dem Reiten lernst du fürs Leben,
- a) weil immer was los ist.
- b) denn du musst dich immer gegen andere durchsetzen.
- c) weil es dein Selbstvertrauen fördert, du Verantwortung übernimmst, Geduld übst, Freundschaften pflegst und vieles mehr.

Richtig: 1c, 2c, 3a, 4b, 5c

Was tun, wenn dein Pferd krank ist?

15 Was tun, wenn dein Pferd krank ist?

Nachdem du im vorigen Kapitel einiges zur Gesunderhaltung deines Pferdes erfahren hast, sollen nun einige gesundheitliche Probleme beschrieben werden, die im Pferdealltag häufig vorkommen. Auch wenn du sie meistens nicht alleine behandeln kannst, solltest du wissen, wie sie entstehen und wie man vorbeugt.

Auf keinen Fall solltest du etwas auf eigene Faust unternehmen. Je nachdem, um was für ein Problem es sich handelt, müssen verschiedene Fachleute hinzugezogen werden. Das kann zum Beispiel der Tierarzt, Tierheilpraktiker, Schmied, Sattler oder Physiotherapeut sein.

Ein Tränchen im Auge

Wie entstehen Verkrustungen?

Manchmal findest du im Augenwinkel Verkrustungen, die darauf schließen lassen, dass das Auge getränt hat. In diesen Verkrustungen lassen sich dann Fliegen nieder, was zu Infektionen führen kann.

Ursachen können ein ständiger Luftzug oder Staub in der Luft sein. Daher solltest du dein Pferd auch nicht in der Box putzen, denn dabei wird Staub aufgewirbelt. Wenn du die Augen behandelst und die Ursache ausschalten kannst, wird sich rasch Besserung einstellen.

So behandelst du die Augen

So lange das Auge nicht entzündet ist, wäschst du Verkrustungen mit Rosenwasser sorgfältig ab. Bitte nimm dazu keine Watte, sondern ein Mull-Pad, denn Watte könnte in den Verkrustungen hängen bleiben. Verwende zum Abwaschen keinen Kamillentee, denn der darin befindliche Teestaub reizt die Augen zusätzlich.

Danach kannst du zum Beispiel einige homöopathische Tropfen »Euphrasia« in die Augen geben. Dazu brauchst du schon ein bisschen Geschick, denn Pferde mögen es nicht, wenn man an den Augen herumhantiert. »Euphrasia« bekommst du in der Apotheke.

Wenn aber ein Auge oder beide Augen deines Pferdes geschwollen sind und/oder Eitersekret sichtbar ist, dann muss ein Tierarzt sich die Sache ansehen.

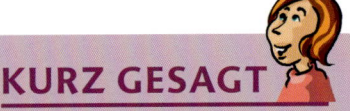

KURZ GESAGT

Verkrustungen am Auge:
▶ Wenn möglich, die Ursachen des Augentränens ausschalten.
▶ Augen auswaschen und Euphrasia-Tropfen verabreichen.
▶ Bei eitrigem Sekret den Tierarzt verständigen.

Verkrustungen am Auge wäschst du mit einem Mull-Pad mit Rosenwasser ab.

Mauke und Strahlfäule

Wie sieht Mauke aus?

Mauke ist eine bakterielle Entzündung in der Fesselbeuge, die mit Hautrötungen und Knötchen- oder Bläschenbildung beginnt. Im weiteren Verlauf können sich dort Eitererreger ansiedeln, die dann zu eitrigen, schmierigen Absonderungen führen. Wenn es schon so weit gekommen ist, hat das Pferd Schmerzen und geht möglicherweise sogar lahm.

So beugst du Mauke vor

Schmutz, Matsch, schlechte Stallverhältnisse, ungepflegte und nasse Weiden können mögliche Ursachen der Mauke sein. Sorge daher dafür, dass sich dein Pferd auf möglichst trockenem und sauberem Boden bewegt. Das bedeutet, dass du auch die Weide und das Schlechtwetter-Paddock täglich abmisten musst.

Kontrolliere täglich beim Putzen die Fesselbeugen. Zu kräftiges Reiben mit einer harten Bürste verletzt die Haut in der Fesselbeuge und macht sie anfällig für Entzündungen. Benutze lieber eine weiche Bürste oder ein Handtuch, um sie zu säubern.

Mauke kann aber auch als Folge von Fütterungsfehlern entstehen. Die richtige Kraftfuttermenge und eine ausreichende Vitamin-Mineralstoff-Versorgung sind also auch hier wichtig.

Behandlung im Anfangsstadium

Du reinigst die Fesselbeugen vorsichtig, aber gründlich mit Wasser und Kernseife. Anschließend tupfst du die Stellen mit einem sauberen Handtuch ab. Bei trockener Mauke empfiehlt sich eine Zinksalbe, die du auf den gesamten betroffenen Bereich aufträgst. Wiederhole diese Behandlung täglich. Die Mauke sollte sich dann in einigen Tagen gebessert haben.

Wenn sich bereits schmierige und eitrige Stellen gebildet haben, dann darfst du keine Salben darauf auftragen und solltest den Tierarzt verständigen. Außerdem muss das Kraftfutter reduziert werden, weil die Entstehung der Mauke möglicherweise mit der Fütterung zusammenhängt.

Was ist Strahlfäule?

Als Strahlfäule bezeichnet man eine faulige Zersetzung des Hufstrahls, die meist in der mittleren Strahlfurche beginnt. Bakterien dringen in den Strahl ein und das feste Gewebe löst sich in eine schmierige, dunkle Masse auf, die unangenehm riecht. Damit beginnt oft eine lange Leidensgeschichte, die schwerwiegende Folgen haben kann.

Auslöser können ein zu nasser oder verdreckter Boden sein, ein zu starkes Niederschneiden des Hufstrahls oder auch eine angeborene schmale Hufform.

Bei Strahlfäule nisten sich Bakterien im Hufstrahl ein und lösen das feste Gewebe auf.

So beugst du Strahlfäule vor

Auch hier sind wieder Sauberkeit und Trockenheit des Untergrunds oberstes Gebot. Ausreichende Bewegung ist genauso wichtig. Säubere die Hufsohlen deines Pferdes täglich, aber kratze dabei nicht tief in den Strahl hinein. Wenn der Dreck draußen ist, dann arbeitest du im Strahl nur noch mit der Bürste, um das Gewebe nicht aufzureißen.

Behandlung der Strahlfäule

Ist es doch zur Strahlfäule gekommen, müssen die faulenden Stellen vom Hufschmied ausgeschnitten werden. Von da an ist die Hufsohle sauber und trocken zu halten. Nur am Beginn einer Strahlfäule kann auch Kupfervitriol helfen, die Bakterien abzutöten.

Haben sich die Fäulnisbakterien schon bis in tiefere Schichten vorgearbeitet und kleine Gewebstaschen gebildet, darf weder Kupfervitriol noch der bekannte Holzteer aufgetragen werden. Er verschließt die Poren luftdicht und die Bakterien haben ideale Bedingungen, um sich weiter zu vermehren. Dann können noch Mittel eingesetzt werden, die den Gewebezerfall stoppen und den Wiederaufbau des Hufstrahls unterstützen (siehe Seite 141).

Auf jeden Fall muss Strahlfäule fachmännisch, am besten durch einen guten Hufschmied, behandelt werden.

Kleine Verletzungen

Was sind kleine Verletzungen?

Geht dein Pferd mit anderen Pferden auf die Weide, so kann es schon passieren, dass es mit kleineren oder größeren Schlagverletzungen in den Stall zurückkommt. Oder dein Pferd ist gestolpert, an einem scharfen Gegenstand gestreift und hat sich dabei verletzt. Handelt es sich um eine offene Wunde, dann ist die erste Frage: Ist das Pferd gegen Tetanus geimpft? Wenn nicht, dann muss der Tierarzt ein Tetanus-Serum spritzen – und sei die Wunde noch so klein. Bei größeren oder ungünstig gelegenen Verletzungen und bei starken Blutungen musst du ohnehin den Tierarzt holen.

So behandelst du kleine Wunden

Handelt es sich wirklich um eine kleine Wunde, dann kannst du sie selbst versorgen. Wasche die Wunde mit sauberen Wasser ab. Besprühe die Wunde mit einem desinfizierenden, antibakteriellen Spray oder trage eine entsprechende Salbe auf. Eventuell muss man die Haare am Wundrand entfernen, um die Wunde besser behandeln zu können.

Wenn sich die kleine Wunde am Röhrbein oder Fesselgelenk befindet,

Die Bandagenunterlage wird faltenfrei um das Bein gewickelt.

Beim Bandagieren wird unten und oben ein Stück der Unterlage frei gelassen.

Zum Reiten muss die Bandage vorübergehend fester gewickelt sein.

kannst du zum Schutz einen Verband anlegen: Eine offene Wunde wird erst mit einem sterilen Pad abgedeckt. Dann legst du eine Bandagenunterlage als Polsterung herum. Schließlich wickelst du noch eine Bandage darüber, aber nicht zu fest, gerade so, dass der Verband hält, damit du nicht die Zirkulation des Blutes abschnürst.

Ist das Bein geschwollen, muss der Tierarzt geholt werden. Dann hat das Pferd vielleicht eine Infektion, die sich auch durch Fieber bemerkbar machen kann. Daher solltest du die Temperatur kontrollieren.

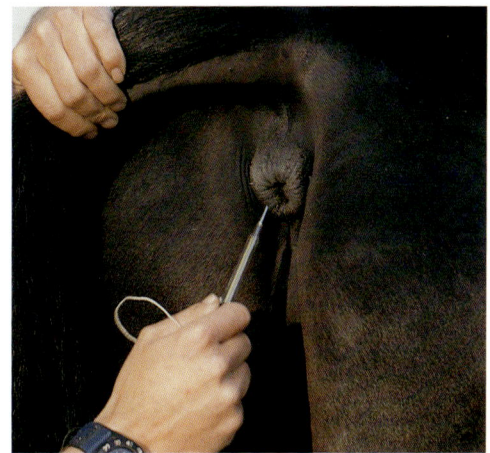

Du schiebst die Schweifrübe beiseite und führst das Fieberthermometer mit Sicherheitsband ein.

Fieber messen

Ob dein Pferd Fieber hat, kannst du schon vermuten, wenn es nicht frisst und lustlos mit glanzlosen Augen und gesenktem Kopf dasteht. Nimm ein Fieberthermometer, das du an ein Schnürchen gebunden hast und miss die Temperatur im After. 37,2 bis

38,2° Celsius sind normal. Um festzustellen, um wie viel die Temperatur erhöht ist, ist es sinnvoll, wenn du im gesunden Zustand die Grundtemperatur deines Pferdes einmal gemessen hast. Das tust du nicht gleich nach der Bewegung, sondern erst eine Stunde danach.

KURZ GESAGT

Kleine Wunden selbst versorgen:

▸ Die Wunde mit sauberem Wasser reinigen.

▸ Mit antibakteriellem Spray oder Salbe desinfizieren.

▸ Fachgerechten Verband anlegen: steriles Pad, Bandagenunterlage, Bandagierung.

▸ Hole den Tierarzt bei Schwellungen und größeren Wunden.

Lahmheiten

Was sind Lahmheiten?

Es gibt leichte Lahmheiten (zum Beispiel bei Schwellungen) und schwere Lahmheiten (zum Beispiel bei Verstauchungen, Muskelrissen, Zerrungen). Lahmheiten sind Anzeichen für Schmerzen. Um die Schmerzen gering zu halten, belastet ein Pferd das schmerzende Bein möglichst kurz und fällt umso mehr auf das jeweilige andere Hinter- oder Vorderbein.

Mögliche Ursachen

Ist nichts geschwollen, die Lahmheit aber ziemlich deutlich, kann sie vom Huf kommen. Dann untersucht der Hufschmied oder Tierarzt mit einer Hufzange die Druckempfindlichkeit der Hufsohle. Ist das Pferd dort empfindlich, wird es sich um eine Verletzung im Hufbereich oder um ein Hufgeschwür handeln.

Wenn ein schwerer Sturz oder Schlag die Ursache für die Lahmheit ist, dann wird der Tierarzt Art und Umfang der Verletzung eventuell durch Röntgen oder Ultraschall feststellen und die entsprechende Behandlung einleiten.

Wenn die Lahmheit länger andauert und sich durch das Reiten verstärkt, dann ist das Feststellen der Ursachen schwierig. Sie kann durch falsche Belastung beim Reiten, Überforderung, mangelnde Bewegung, einen nicht passenden Sattel, falsche Ernährung und vieles mehr enstehen. Meistens stehen vor der Lahmheit Verspannungen in der Muskulatur und/oder im Rücken. Sehnen- und Gelenkprobleme sind die Folge.

Sehnenprobleme und Arthrose

Besonders bei Sehnenproblemen muss man aufpassen. Auch wenn das Pferd nicht mehr lahmt, ist der Schaden an der Sehne noch nicht verheilt. Sehnen sind sehr schlecht durchblutet, deshalb kann der Körper das Problem nur sehr langsam »reparieren«. Auch wenn dein Pferd wieder ohne Probleme läuft, solltest du es nicht übermäßig belasten, denn die vorgeschädigten Sehnen bleiben immer anfällig.

Eine Lahmheit, die nur am Anfang der Bewegung besteht und sich bessert, ist wahrscheinlich durch eine Arthrose bedingt. Das ist eine Abnutzungserscheinung in den Gelenken. Hier ist leichte und regelmäßige Bewegung ganz wichtig. Nichts ist schlechter für ein Pferd mit Arthrose, als den ganzen Tag im Stall zu stehen und dann für eine Stunde kräftig zu arbeiten.

Die Druckempfindlichkeit der Hufsohle wird mit der Hufzange geprüft.

Ein Pferd mit Arthrose braucht regelmäßige leichte Bewegung, zum Beispiel bei einem Spaziergang.

KURZ GESAGT

Lahmheiten:
▶ Es gibt leichte und schwere Lahmheiten.
▶ Sie können viele verschiedene Ursachen haben (falscher Sattel, falsche Belastung, mangelnde Bewegung).
▶ Taste dein Pferd ab und schreibe auf, was du festgestellt hast.
▶ Sehnenprobleme brauchen viel Zeit.

Kolik

Was ist eine Kolik?

Eine Kolik ist eine schmerzhafte Verdauungsstörung, bei der das Pferd meist nichts mehr ausscheiden kann.

Bei einem Pferd, das nicht frisst, sich ständig nach dem Bauch umsieht, die Hinterbeine wegstellt, auf dem Boden scharrt und mit dem Schweif schlägt, besteht Verdacht auf Kolik. »Kolik« heißt »Bauchgrimmen, Bauchschmerzen«. Auch Schwitzen und Zittern können Anzeichen dafür sein.

Ursachen einer Kolik

In den meisten Fällen hängt eine Kolik mit Fütterungsfehlern zusammen. Schimmliges Futter (Schimmel sieht man nicht gleich), zu eiweißreiches Gras, oder zu viel Stroh sind nur einige Gründe. Auch zu wenig oder verschmutztes Wasser, frisches Brot, zu kurz geschnittenes Gras kommen in Frage. Tränken in erhitztem Zustand, Überanstrengung gleich nach dem Fressen oder Zahnprobleme können ebenfalls Bauchschmerzen verursachen. Ist dein Pferd regelmäßig entwurmt? Mindestens zweimal im Jahr ist eine Wurmkur Pflicht, bei Weidepferden öfter.

Bis der Tierarzt kommt

Wenn du diese Anzeichen feststellst, dann verständige den Tierarzt. Er wird den Puls fühlen und die Darmgeräusche abhören, um festzustellen, wo die Kolik sitzt und wie schwer sie ist. Im Notfall muss das Pferd in die Klinik eingewiesen werden, um dort weiter beobachtet oder operiert zu werden.

Bis der Tierarzt kommt, bleibst du bei deinem Pferd. Du deckst es ein und misst die Temperatur. Zu fressen bietest du deinem Pferd absolut nichts an, es wird ohnehin nichts fressen wollen. Wenn es starke Schmerzen hat, dann führst du es auch nicht. Wenn du kannst, dann kontrolliere den Puls unter den Ganaschen mit Zeige- und Mittelfinger am Unterkiefer oder an der Arterie, die über das Fesselgelenk läuft.

Mit Zeige- und Mittelfinger kannst du unter den Ganaschen den Puls fühlen.

Du benutzt dazu eine Stoppuhr und zählst 15 Sekunden lang die Pulsschläge. Das Ergebnis multiplizierst du mit 4. Normal sind in Ruhe 28–44 Schläge pro Minute, bei höheren Werten spricht man von erhöhtem Puls.

Wenn möglich, massiere die Ohrränder des Pferdes, besonders die Ohrspitzen. Das erleichtert die Schmerzen, denn dort ist ein Notfallpunkt.

28–44 Pulsschläge in der Minute sind normal.

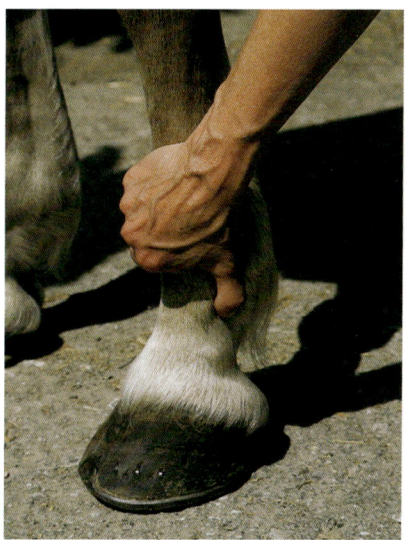

Am Fesselgelenk auf der Außenseite läuft eine Arterie, an der du ebenfalls den Puls fühlen kannst.

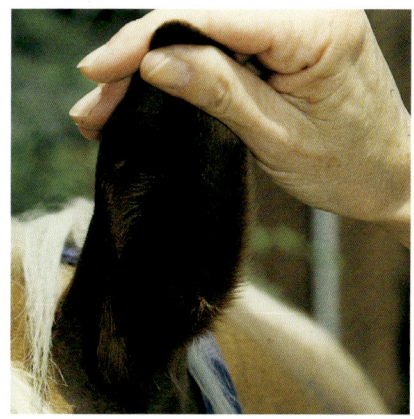

Den »Notfallpunkt« an den Ohrspitzen kannstt du leicht massieren.

KURZ GESAGT

Kolik:

► Eine Kolik ist eine Verdauungsstörung, das Pferd kann meist nichts mehr ausscheiden.

► Ursachen einer Kolik sind oft Fütterungsfehler.

► Bei Kolik den Puls messen und sofort den Tierarzt benachrichtigen.

► Bleibe bei deinem Pferd und beruhige es.

► Nach der Kolik: viel trinken lassen, Futter erst später.

Auch wenn du selbst sicher aufgeregt bist und mit deinem Pferd mitleidest, versuche Ruhe auszustrahlen, sprich mit ihm und streichle es. Überlege dir, welche Informationen du dem Tierarzt geben kannst.

Nach der Kolik

Auch nach überstandener Kolik darf dein Pferd noch nicht gleich fressen. Wenn die Einstreu fressbar ist, muss sie ebenfalls entfernt werden. Du kannst auch zu einem Pferde-Maulkorb greifen, mit dem das Pferd zwar trinken, aber nicht fressen kann.

Durch die Krankheit hat dein Pferd viel Flüssigkeit verloren, die es wieder braucht. Zur Kontrolle kannst du auch aus dem Eimer tränken, dann weißt du, wie viel es trinkt. Der leere Eimer muss aber rechtzeitig wieder aufgefüllt werden. Die erste Mahlzeit besteht dann aus leicht verdaulichem guten Heu.

Husten

Wer hustet, braucht viel frische, saubere Luft.

Gesunder Husten

Husten ist zunächst eine gesunde Reaktion: Schleim und Fremdkörper werden durch Husten aus den Atemwegen herausgeschleudert. Sie kommen beim Pferd aus der Nase heraus. Solch ein Husten ist deshalb mit Nasenausfluss verbunden.

Die Atemmuskeln des Pferdes kommen nur durch Bewegung richtig in Aktion, um die in die Atemwege geratenen Schmutz- und Staubpartikelchen wieder herauszubefördern. Wenn dein Pferd beim Traben einige Male abhustet, dann brauchst du dir keine Sorgen zu machen. Der Körper befreit sich auf diese Weise von den Fremdkörpern.

Ursachen von Husten

Husten kann verschiedene Ursachen haben, zum Beispiel eine Infektion, eine Allergie oder einfach zu wenig Bewegung. Grundsätzlich solltest du auf ausreichend frische Luft für dein Pferd achten.

Hustet dein Pferd immer wieder in der Box oder draußen, dann ist es möglicherweise allergisch gegen Staub oder schlechte Luft. Viele Pferde sind gegen Heustaub allergisch. Dann hilft es, das Heu vor dem Füttern nass zu machen und damit die Staubpartikelchen zu binden.

Pilzbefallenes Futter ist ebenfalls eine Gefahr. Auf frisch gequetschtem Getreide, das nicht gleich verfüttert wird, siedeln sich schädliche Pilze an.

Auch in nicht sachgerecht gelagertem Heu und Stroh bilden sich Schimmelpilze, die vom Pferd eingeatmet werden und Husten verursachen.

Wie schon gesagt, solltest du dein Pferd nicht in der Box putzen. Die feinen Pferdehaare, die dabei in die Einstreu fallen, werden später beim Absuchen nach Fressbarem eingeatmet und reizen die Luftwege.

Hat dein Pferd gelb-grünen Nasenausfluss, dann hat es wahrscheinlich eine bakterielle Infektion. Du solltest die Temperatur messen und eventuell den Tierarzt verständigen.

Dämpfigkeit

Aber auch, wenn dein Pferd kein Fieber hat, ist der Husten nicht auf die leichte Schulter zu nehmen. Wenn die Ursachen nicht beseitigt werden, kann er chronisch werden – und das führt dann zur gefürchteten »Dämpfigkeit«. Das bedeutet, dass die kleinen Lungenbläschen immer mehr verkleben und keinen Sauerstoff mehr aufnehmen können. Das Pferd ist immer weniger leistungsfähig. Die Atem- und Bauchmuskeln versuchen erfolglos, die Atmung zu unterstützen. So entsteht die so genannte »Dampfrinne«.

Schleimlöser und Tees

Du kannst dein Pferd mit Schleimlösern unterstützen. Der Hustenreiz wird dadurch nicht gelindert, aber Sekrete können besser abgehustet werden. Schleimlöser und Hustentees werden in vielen Variationen angeboten.

Einen Tee kannst du auch selber zubereiten. Lasse dir in der Apotheke eine Mischung aus je 25 g Thymian, Salbei, Anis, Kamille, Malve, Huflattich, Spitzwegerich, Schafgarbe, Königskerze und Lungenkraut zusammenstellen. Nimm davon eine Hand voll, übergieße sie mit einen Liter kochendem Wasser und lasse die Mischung 10 Minuten ziehen. Dann schüttest du alles zusammen über das Kraftfutter.

KURZ GESAGT

Husten:
► Husten kann gesund, aber auch gefährlich sein.
► Oft sind Staub und schlechte Luft die Ursache.
► Schleimlöser und Hustentees helfen.
► Bei Fieber den Tierarzt holen.

Was unterstützend helfen kann

Massage und Akupressur

Wenn ein Pferd krank oder lahm ist, verkrampfen sich seine Muskeln. Durch Massage entspannen sich die verkrampften Muskeln wieder. Außerdem werden die Selbstheilungskräfte gefördert. Eine Massage wirkt zusätzlich beruhigend auf das Pferd. Auch gesunde Pferde genießen es, wenn sie massiert werden.

Akupressur ist eine spezielle Form von Massage. Sie stammt aus China und wird schon seit ganz langer Zeit eingesetzt. Sie beruht auf der jahrtausendealten Beobachtung, dass man durch Reizen von bestimmten Punkten (Akupressurpunkten) auf der Körperoberfläche Krankheiten positiv beeinflussen kann. Der auf Seite 137 beschriebene Notfallpunkt am Ohr

Weißt du's? Teste dein Wissen

1 Ein tränendes Auge
  a) muss nicht behandelt werden.
  b) muss sofort dem Tierarzt gezeigt werden.
  c) sollte ausgewaschen und mit Augentropfen behandelt werden.

2 Mauke ist eine Entzündung der Fesselbeuge,
  a) die täglich gereinigt und mit Zinksalbe behandelt wird.
  b) die kräftig bandagiert werden muss.
  c) bei der das Pferd häufig bewegt werden muss.

3 Strahlfäule ist die faulige Zersetzung des Hufstrahls,
  a) bei der das Pferd sofort neu beschlagen werden muss.
  b) der man durch sauberen, trockenen Untergrund, genügend Bewegung und der Vermeidung von Verletzungen des Strahls vorbeugt.
  c) weswegen das Pferd viel in der frischen Luft auf der Weide stehen sollte.

4 Kleine Verletzungen
  a) müssen nicht behandelt werden.
  b) müssen sofort mit der Injektion eines Antibiotikums behandelt werden.
  c) können, wenn Tetanusimpfschutz besteht, selbst versorgt werden.

5 Lahmheiten
  a) können in der Regel nicht mehr geheilt werden.
  b) bedeuten, dass das Pferd nur noch auf der Weide stehen kann.
  c) können viele Ursachen haben: zum Beispiel falsche Belastung, nicht passender Sattel, mangelnde Bewegung.

6 Eine Kolik ist eine Verdauungsstörung,
  a) bei der man Fieber und Puls messen und den Tierarzt verständigen muss.
  b) bei der man das Pferd füttern sollte,
  c) bei der man die Ohrspitzen massieren soll, wenn das Pferd es erlaubt.

Richtig: 1c, 2a, 3b, 4c, 5c, 6a

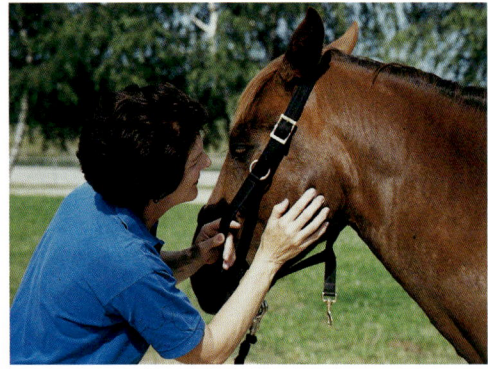

So schön kann die Kommunikation durch eine gefühlvolle Massage am Kaumuskel sein.

ist ein solcher Punkt. Beide Behandlungsmethoden muss man erlernen. Es ist nicht schwer, aber einige Grundregeln solltest du kennen. Es gibt Bücher darüber, aber besser ist zusätzlich eine praktische Anleitung in einem Kurs. Sicher werden in deiner Umgebung auch solche Kurse angeboten.

Pulsierende Magnetfeldtherapie

Eine Methode, die immer mehr Anhänger findet, ist die pulsierende Magnetfeldtherapie. Sie beruht darauf, dass die Erde ein Magnetfeld hat, aus dem wir unsere Energie beziehen. Dieses Feld kann durch verschiedene Ursachen gestört sein. Bei der pulsierenden Magnetfeldtherapie werden durch ein Steuergerät in einer speziellen Pferdeganasche oder Pferdedecke Magnetfelder erzeugt, die dem Körper wieder die heilenden Schwingungen zuführen. Damit sollen Entzündungen gehemmt, Knochen und Knorpel regeneriert, die Fitness und noch vieles mehr gefördert werden.

Internet- und Kontaktadressen

Deutsche Reiterliche Vereinigung e.V. (FN)
Freiherr-von-Langen-Straße 13
D-48231 Warendorf
Tel. 0 25 81/63 62-0
http://www.pferd-aktuell.de

Deutsches Kuratorium für Therapeutisches Reiten
Freiherr-von-Langen-Straße 13
D-48231 Warendorf
Tel. 0 25 81/63 62-0
http://www.dkthr.de

Alle Reitweisen:
http://www.reiten.de

Freizeitreiten:
http://www.horse-net.de

Westernreiten:
http://www.westernreiten.de

Linda Tellington-Jones:
http://www.tteam.de
http://www.tteam-ttouch.com

Alles über den Huf:
http://www.ecus.net
E-Mail: haerpfer@ecus.net

Alles über Ernährung:
Dr. Dorothee Meyer
http://www.iwest.de

Pferdemassage, Akupressur, Magnetfeldtherapie:
Happy Horse Team
Angelika Schmid-Neuhaus
http://www.happyhorseteam.de
E-Mail: a.schmidneuhaus@t-online.de

Tierarzt-Adressen:
http://www.tierarzt.org
http://www.vetline.de
http://www.mypetstop.com

Hufpfleger:
http://www.VdHp.de

Online-Pferdemagazin:
http://www.Pferdezeitung.com

Österreich:

Bundesfachverband für Reiten und Fahren in Österreich
Geiselbergstraße 26-35/512
A-1100 Wien
Tel. in Österreich 01/7 49 92 61
http://www.fena.at

Therapeutisches Reiten:
http://www.fena.at/Fragen

Reiten in Österreich:
http://www.reitarena.at

Schweiz:

Schweizerischer Verband für Pferdesport
Papiermühlenstraße 40H
http://www.svps-fsse.ch

Therapeutisches Reiten:
http://www.praxis-info.ch

Register